W0349217

Roland Hutyra

Barbara Crole / Christiane Fine

Erfolgreiches Fundraising – auch für kleine Organisationen

Barbara Crole/Christiane Fine

Erfolgreiches Fundraising – auch für kleine Organisationen

Mit Beiträgen von Daniel Jud, Rany Gartenmann,
Yvonne Kremser, Oscar Luethi und Marcus Michelotti

orell füssli Verlag AG

Für Gerhard und Silvia,
die Pioniere und Susanna

www.ofv.ch

Umschlagabbildung: getty images (Jürgen Müller)
Umschlaggestaltung: cosmic Werbeagentur, Bern
Druck: fgb • freiburger graphische betriebe, Freiburg i. Brsg.
Printed in Germany
ISBN 3-280-05056-1

Bibliografische Information der Deutschen Bibliothek
Die Deutsche Bibliothek verzeichnet diese Publikation in der Deutschen Nationalbibliografie; detaillierte bibliografische Daten sind im Internet über http://dnb.ddb.de abrufbar.

Inhalt

Vorwort

Mittelbeschaffung, Fundraising, Geldbeschaffungsmassnahmen, Betteln – wie immer man es nennt (Fachleute haben sich auf «Fundraising» geeinigt) –, Fundraising ist eine der wichtigsten Aufgaben einer Non-Profit-Organisation (NPO).

Was macht nun eine Non-Profit-Organisation so aussergewöhnlich? Sie ist gebildet zur Unterstützung eines Ziels, das sie ohne besondere, finanziell damit verbundene Interessen verfolgt. Sie muss beweisen können, dass sie die Meinungen und Überzeugungen ihrer Mitglieder vertritt und dass sie bereit ist, mit ihrem eigenen Geld dafür zu zahlen.

Eine normales, gewinnorientiertes Unternehmen wird mit Geldern seiner Gesellschafter finanziert. Ist die Firma erfolgreich, gewinnen die Aktien oder Gesellschafteranteile an Wert, und es gibt Dividenden. Menschen, die in eine Non-Profit-Organisation «investieren», tun dies aus ganz anderen Motiven: Sie wollen, dass ihre Meinung gehört oder die von ihnen gewünschte Leistung erbracht wird, damit ein Wandel zum Besseren möglich wird.

Niemand wurde als Fundraiser geboren, auch wir nicht, aber wie die meisten Fundraiser haben wir die Notwendigkeit erkannt, dass Geld beschafft werden muss, um Ideale zu verwirklichen. Der nächste Schritt war die Erkenntnis, dass unser ideelles und wirtschaftliches Überleben davon abhängt, wie schnell Geld beschafft werden kann. Tag für Tag, Monat für Monat sind Menschen davon zu überzeugen, Geld für eine gute Sache zu geben.

Fundraiser befinden sich immer in Konkurrenz – nämlich in Konkurrenz mit den Alltagsausgaben, die jeder Mensch hat, von den Grundnahrungslebensmitteln bis zur philanthropischen Spende, und in Konkurrenz zu anderen Fundraisern. Wird unsere Argumentation überzeugen? Ist sie so schlagkräftig und moralisch unwiderlegbar, dass unsere Adressaten die Prioritäten ihres Budgets verschieben und ihr Geld uns zur Verfügung stellen? Das zeigt: Wir müssen effizient arbeiten. Da wir meist Spendergeld einsetzen, um mehr Geld zu finden, ist für Fundraiser die moralische Messlatte besonders hoch.

Unser Buch ist dank der Mitarbeit von Fachleuten verschiedener Fundraising-Aktivitäten zu Stande gekommen. Besonderen Dank schulden wir

- Daniel Jud für seinen Beitrag mit Kapitel 6 , «Dienstleister – auf gute Zusammenarbeit», auf Seite 99,
- Rany Gartenmann, Master of Advanced Studies – Sozialmanagement, für ihren Beitrag zu Kapitel 10, «10.3. Berufsverband der Fundraising-Fachleute – SGFF», auf Seite 209,
- Yvonne Kremser für ihren Beitrag zu Kapitel 10, «10.1. Mittel beschaffen mit wenig Mitteln – (VSF-Suisse)», auf Seite 201,
- Oscar Luethi für seinen Beitrag zu Kapitel 7, «7.3. Fundraising im Internet – online dabei sein», auf Seite 135,
- Marcus Michelotti für seine Beiträge zum Kapitel 4, «4.2. Die Informationen verarbeiten – Statistiken», auf Seite 68 und «4.3. Die Qualität der Adresse – Entscheidung über Hit oder Flop», auf Seite 76.

Der Band wird Ihnen helfen, effizient zu arbeiten. Wir wollen auch jenen, die mit dieser Arbeit erst anfangen, eine Hilfe geben, um von Anfang an erfolgreiche Massnahmen durchführen zu können. Erfahrenen Fundraisern wollen wir neue Ideen für neue Aktivitäten geben oder dabei helfen, bestehende Programme zu verbessern. Besonders wichtig waren uns drei Ziele:

- Nicht abheben, keine theoretischen Abhandlungen schreiben, sondern auf dem Boden der Tatsachen bleiben.
- Fundraisern helfen, die alleine vor der Aufgabe stehen, Geld zu beschaffen. «Wie fange ich an, wie mache ich weiter?», sind zwei der häufigsten Fragen, die wir auf Kongressen und in Seminaren immer wieder hören.
- Das Feld ausweiten: Heute müssen nicht nur Hilfsorganisationen Geld beschaffen, sondern auch kulturelle Einrichtungen. Auch sie sollten in diesem Buch wichtige Impulse finden.

Wir sind teilweise seit zwanzig Jahren im Fundraising tätig und haben die grossen Veränderungen, die seitdem in unserem Feld stattfanden, miterlebt. Dies sind die wesentlichsten:

- Nicht mehr die Not steht im Mittelpunkt, sondern die Vision, wie diese Not zu beenden sei.
- GönnerInnen oder SpenderInnen (diesen Begriff verwenden wir in diesem Buch) sind jünger geworden – nicht unbedingt in Jahren, aber in der Art, wie sie denken und handeln. Wir müssen uns ihnen anpassen, müssen sicher sein, dass in einer Welt, in der die christlichen Ideale, die den Pionieren des Fundraising das Leben leicht machten, nicht mehr im Mittelpunkt stehen und dass neue Werte und Visionen von einer besseren Welt wichtig bleiben.
- Frauen waren und sind unsere wichtigsten Verbündeten – aber wir müssen immer selbstbestimmtere und kritischere Frauen mit grösseren finanziellen Mitteln erreichen.
- Fundraising wird immer technischer, komplizierter und schwieriger. Fundraising kommt von Herzen und muss zu Herzen gehen – aber technische Mittel und die Kenntnis bestimmter Praktiken sind heute unbedingt notwendig.
- Die Umwelt wird immer kritischer. Konsumentenschützer und

Journalisten gestehen heute Fundraisern keinen Bonus mehr zu – ganz im Gegenteil, sie werden härter kritisiert als andere.

Abschliessend noch eine Anmerkung: Die deutsche Sprache ist in der grammatischen Geschlechterbildung nicht so flexibel wie die englische. Das führt dazu, dass bei angemessener Berücksichtigung der Geschlechter rechte Satzungetüme entstehen können. Umgekehrt stellt auch das grosse I (wie in «GönnerInnen») nicht immer eine sprachlich elegante Lösung dar. Wir haben das Problem situativ behandelt. Sie werden also sowohl das grosse I antreffen als auch beide geschlechtsspezifischen Eigenschaftsbezeichnungen. Dort, wo nur ein Geschlechterattribut berücksichtigt ist, ist in der Regel das andere Geschlecht selbstverständlich auch gemeint.

Lausanne, 2003
Barbara Crole
Christiane Fine

1. Die Dinge selbst angehen – erfolgreich eine (Non-Profit-) Organisation aufbauen

1.1. Erste Schritte – klein anfangen

Sie wollen einen Verein, einen Verband oder eine gemeinnützige Organisation gründen? Oder Sie sind über diesen ersten Schritt hinaus und stehen noch am Anfang Ihrer Arbeit? Sie fragen sich, wie Sie die notwendigen finanziellen Mittel zusammenbekommen, um Ihr Anliegen publik zu machen? Sie sehen einen Berg von Arbeit vor sich und wissen nicht recht, wo Sie anfangen sollen? Sie meinen, je kleiner die Organisation, desto kleiner die Möglichkeiten einer erfolgreichen Arbeit?

Dann sind Sie hier richtig. Wir zeigen Ihnen, wie Sie mit ganz beschränkten Ressourcen, also mit wenigen und geringen Mitteln, erfolgreich eine Organisation, einen Verein oder einen Verband aufbauen können. Das Wichtigste vorab:

1. *«Small is beautiful», muss Ihr Leitspruch sein.* Viele Mitarbeiter in Klein- und Kleinstorganisationen beneiden die «Grossen» um ihre vielfältigen Möglichkeiten, um die spezialisierten Mitarbeiter, um das technische Know-how und die vielen Computer und Programme. Das ist aber nicht notwendig.
   Sie werden sehen, dass auch die ganz kleinen Organisationen und Vereine ihre Vorteile haben – die grössten sind kurze Entscheidungswege und keine zeitfressenden, unproduktiven Sitzungen! Sprechen Sie mit Kollegen in grossen Organisationen, und Sie werden schnell feststellen, wie gut Sie es möglicherweise getroffen haben.
2. *Sie als Verantwortliche/r müssen sich über Ihre Beschränkun-*

gen, aber auch Ihre Stärken klar werden. Wo liegen diese? Nutzen Sie sie, und versuchen Sie nicht, Aufgaben oder Programme zu beginnen, die Ihnen nicht liegen und die Sie nicht effizient bewältigen können.

Von Anfang an müssen Sie sich bewusst sein, dass Sie Ihre Mitarbeiter (so Sie denn welche haben) und Freiwilligen – wenn Sie von ihnen Begeisterung und überdurchschnittlichen Arbeitseinsatz erwarten – immer und in allen Stadien in die Entscheidungs- und Arbeitsprozesse mit einbeziehen sollten.

Wenn der Erfolgsdruck für Ihre Organisation nur auf Ihren Schultern liegt, wenn Sie alle Ideen kreieren und sie dann auch noch verwirklichen sollen, werden Sie mehr oder weniger schnell müde werden. Sie werden bald keine Ideen mehr haben und erleben, dass aus vielen der viel versprechenden Ideen dann doch nichts wurde. Schliesslich werden Sie das berüchtigte Burn-out-Syndrom am eigenen Leib spüren.

3. *Sind Sie von Ihrem Projekt überzeugt?* Zeigen Sie das den anderen, zeigen Sie Ihren Enthusiasmus und Ihre Begeisterung. Es ist Ihre Aufgabe, andere für Ihr Anliegen zu begeistern. Zeigen Sie, wie schön es ist, an einem Projekt mitzuarbeiten, das für einen Einzelnen viel zu gross ist. Zeigen Sie, wie befriedigend die Arbeit für einen guten Zweck und die Teamarbeit sein kann; dann werden Sie viele Menschen finden, die gerne bereit sind, Ihnen zu helfen.

Ihre Arbeit steht und fällt mit den finanziellen Mitteln, die Ihnen zur Verfügung stehen. Ein wesentlicher Teil Ihrer Aufgaben wird sich also um Fundraising drehen. Aber was genau ist Fundraising? Wir haben drei Definitionen für Sie herausgesucht:

Das humoristische Zitat

«Fundraising ist die freundliche Kunst, Menschen zu überzeugen, die Freude des Schenkens zu erfahren.» (Hank Rosso, Begründer des Institut für Philanthropie, Indiana, USA)

Die klassische Definition

Fundraising bedeutet Mittelbeschaffung für Non-Profit-Organisationen (NPO). Damit ist die Summe aller Massnahmen gemeint, durch welche einer NPO Geld- oder Sachmittel sowie Dienstleistungen zufliessen. Wichtig sind hier:

- Public Relations (Öffentlichkeitsarbeit),
- Marketing und Marktforschung,
- Merchandising (Verkauf von Waren),
- Lobbying (Unterstützung der Meinungsbildung)
- und natürlich das eigentliche Spendensammeln.

Die nüchterne Erklärung

Fundraising wird auch als ein Werteaustausch zwischen SpenderInnen und NPO bezeichnet. Der Spender gibt Geld und erhält dafür von der NPO eine Bedürfnisbefriedigung, nämlich zum Beispiel «das Gefühl, etwas Gutes getan zu haben».

Haben Sie bedacht ...

- Haben Sie ein spezielles Anliegen, das Sie publik machen möchten?
- Haben Sie sich überlegt, wo Ihre Stärken und Schwächen liegen und für welche Schritte Sie Hilfe benötigen?
- Planen Sie ein, Ihre Mitarbeiter einzubeziehen?
- Können Sie überzeugen und begeistern?

1.2. Beruf oder Berufung? – Wie werde ich (ein besserer) Fundraiser?

1.2.1. Qualifikation

Lange Zeit gab es für Fundraiser keine Ausbildungsmöglichkeiten und Studiengänge, die allgemein anerkannt waren. Als ideal galt und gilt noch immer die Kombination betriebswirtschaftliches Studium und/oder kaufmännische Ausbildung und/oder ein Studium in Sozialwissenschaften mit Praxiserfahrung sowie der Besuch eines renommierten Aus- und Fortbildungskurses in Fundraising. Derzeit ändert sich die Situation, und Ausbildungsmöglichkeiten zum Fundraiser werden in den drei deutschsprachigen Ländern geschaffen.

Allerdings haben bisher wohl nur wenige Jugendliche oder Studierende als Berufswunsch «Fundraiser» angegeben, und wahrscheinlich ist es noch ein weiter Weg, bevor Fundraising ein Beruf wie jeder andere ist. Aber wir sind auf dem Weg dorthin, und wir wissen ziemlich genau, was ein Fundraiser können muss, was er können sollte und welche Eigenschaften für ihn wichtig sind.

Eine amerikanische Befragung von 1800 Fundraisern zeigte, dass nach ihrer Ansicht die wichtigsten Fähigkeiten für ihren Beruf sind:

- Führungsqualitäten,
- Fähigkeit zum Schreiben guter Texte,
- Fähigkeit zu guten Kontakten zu Freiwilligen,
- Flexibilität und Anpassungsfähigkeit,
- zuhören können,
- Detailgenauigkeit,
- ausreichendes Selbstwertgefühl (im Hintergrund stehen und anderen die Lorbeeren überlassen können, auch wenn man selbst alle Arbeit gemacht hat ...),

- Ehrlichkeit,
- Humor.

Sie werden feststellen, dass es sich hier eher um «weiche» Qualifikationen handelt. Es gibt jedoch unserer Erfahrung nach ein grundsätzliches Kriterium, das einen guten Fundraiser ausmacht: Das ist die Fähigkeit, wie ein Spender zu denken. Alle anderen Fähigkeiten kann man lernen – aber zu erkennen, was der Spender von einer Massnahme, von einem Text, von einer Einladung halten wird, lässt sich nur schwer erlernen. Ohne diese Eigenschaft können Sie nur versuchen, sie durch laufende Absprache mit anderen, die über diese Fähigkeit verfügen, zu ersetzen. Dies setzt Erfahrung und Bescheidenheit voraus.

Tipp

Die wichtigste Fähigkeit eines Fundraisers ist, wie ein Spender zu denken.

Unsere Erfahrung mit unzähligen Fundraising-Verantwortlichen und Mitarbeitern in vielen Organisationen zeigte auch, dass gute Fundraiser (neben ihrem Verständnis für den Spender und Ehrlichkeit) etwas von Zahlen verstehen und in diesem Zusammenhang in der Regel auch analytisch und vernetzt denken können. Das wiederum ist wichtig, um Fundraising als Ganzes – als ökonomisches und moralisches Problem – beurteilen können. Der Ausdruck «Fundraising» sollte deshalb insofern mit Skepsis betrachtet werden, weil er mehr enthält als nur die Aufgabe, Geld zu beschaffen.

1.2.2. Ausbildungsmöglichkeiten

Während bis jetzt eher die Tendenz bestand, Mitarbeiterinnen und Mitarbeiter im Lauf ihrer Tätigkeit zu schulen, werden immer mehr «ausgebildete» Fundraiser gesucht. Erfahrene Fundraiser gibt es bis jetzt allerdings nur wenige. Die spezialisierten Ausbildungen, die in Deutschland und der Schweiz angeboten werden, haben bis heute erst wenige Fundraiser hervorgebracht.

Aber eine Grundannahme bezüglich der grundsätzlichen Anforderungen kann man treffen: Der neue Typus des Fundraisers wird nicht mehr auf eine Organisationsart spezialisiert sein, sondern seine Fähigkeiten verschiedensten Anliegen anpassen können. Da zunehmend auch kulturelle Organisationen Fundraising betreiben müssen, besteht eine grosse Nachfrage nach qualifizierten Mitarbeiterinnen und Mitarbeitern, die kaum mehr befriedigt werden kann. Diese Situation ist im Ausland schon seit einigen Jahren anzutreffen und hat dazu geführt, dass in England und den USA Fundraiser zum Teil mehr verdienen als ihre Auftraggeber oder Vorgesetzten. Dies ist eine ungesunde Situation, die aber die Marktlage widerspiegelt: hier immer grössere Nachfrage – dort wenig Ausbildungsmöglichkeiten und wenig qualifiziertes Personal.

In Deutschland bietet die Fundraising-Akademie (siehe Adressen ab Seite 220) inzwischen qualifizierte, praxisbezogene Ausbildungen an. In der Schweiz bietet das Verbands-Management Institut der Universität Freiburg einen zweiwöchigen Kurs an, der das dort entwickelte VMI-Modell in den Mittelpunkt stellt. Zunehmend integrieren die Fachhochschulen in der Schweiz und Deutschland Fundraising-Einführungen in ihre laufenden Kursangebote. In der Schweiz gibt es komplette Kurse, die in Zusammenarbeit mit der Fundraising-Akademie erarbeitet wurden.

Bemerkenswert ist, dass bereits ein gesamteuropäisch anerkanntes Diplom in Fundraising vorbereitet wird, was auf eine international grössere Akzeptanz und verbesserte Ausbildungsmöglichkeiten für das Fundraising schliessen lässt. Im Augenblick sind jedoch informelle Weiterbildungsmöglichkeiten, der Austausch mit Kollegen, Literatur sowie ERFA-Gruppen in verschiedenen Städten immer noch von grosser Bedeutung.

Haben Sie bedacht ...

- Besitzen Sie die Basisfähigkeiten, die einem guten Fundraiser zugeschrieben werden: Verständnis für den Spender, Ehrlichkeit, guter Umgang mit Zahlen?
- Haben Sie Praxiserfahrung im Fundraising?
- Haben Sie das Gefühl, dass Ihnen dieser Beruf liegt?
- Haben Sie sich über (zusätzliche) Ausbildungsmöglichkeiten erkundigt?

1.3. Das A und O des Fundraising – die Spenderpyramide

Eine Basis der Mittelbeschaffung ist die Fundraising- oder Spenderpyramide. Diese Pyramide sollte als grosse Abbildung über Ihrem Schreibtisch hängen. Sie sollte Sie immer daran erinnern, dass es leichter ist, einen bestehenden Spender zu halten und zu pflegen, als einen neuen zu gewinnen. Die meisten grossen Spenden fallen nicht vom Himmel, sondern stammen aus der bestehenden Spenderkartei. Sie sind das Ergebnis einer behutsamen Spenderpflege und -begleitung.

Fundraising-Pyramide I

Ihr Ziel muss es sein, Spenderinnen und Spender auf dieser Pyramide nach oben zu begleiten.

Die Spenderpyramide (Fundraising-Pyramide)

Die Spenderpyramide verdeutlicht auf grafischem Wege die Beziehung zwischen der gesamten Bevölkerung und den verschiedenen Stufen der Spendenbereitschaft und der Spendenhöhe.

Das Fundament der Pyramide stellt die Bevölkerung, quasi das Potenzial, dar. Daraus rekrutieren sich die potenziellen Interessenten. Die nächste Stufe ist die der Erst- bzw. NeuspenderInnen. Weitere Stufen folgen, so als Nächstes die Stufe der Mehrfachspender, die

Spender-Pyramide

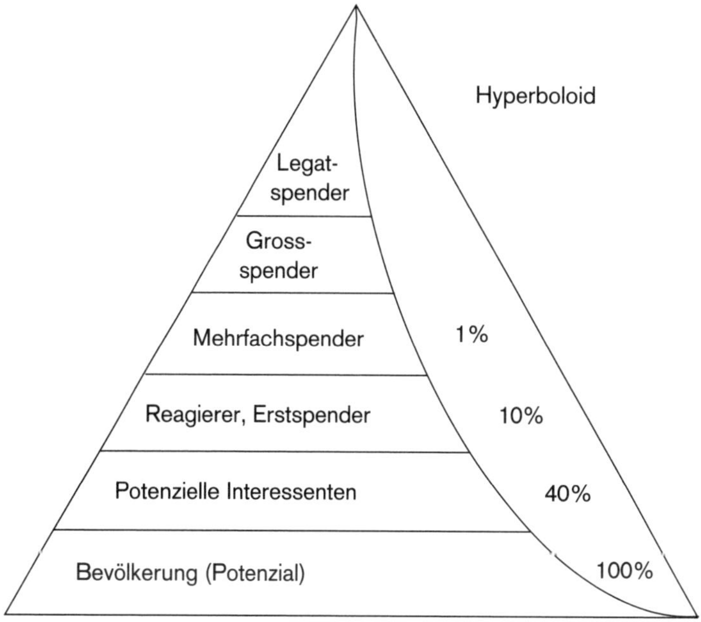

Stufe der GrossspenderInnen und in der Spitze die Legatspender-Innen.

Betrachten wir nun die Häufigkeitsverteilung der einzelnen Stufen, so stellen wir fest, dass die Abnahme nicht proportional, sondern sehr stark überproportional erfolgt. Gehen wir davon aus, dass 100 Prozent das gesamte Potenzial darstellen, so können wir von 40 Prozent Interessenten, 10 Prozent ErstspenderInnen und einem Prozent MehrfachspenderInnen sprechen. Die Gross- und LegatspenderInnen sind prozentual kaum mehr zu beziffern.

Es ist die Aufgabe von Adressspezialisten, aus dem gesamten Universum, das heisst aus der Bevölkerung des geografischen Marktes, die Adressen der Personen auszuwählen, welche als potenzielle SpenderInnen in Frage kommen. Das Ziel des Fundraisers ist dann, aus den daraus gewonnenen ErstspenderInnen FolgespenderInnen zu generieren und jene SpenderInnen mit geeigneter Historie und sozidemografischen Merkmalen zu Grossspenden oder gar Legatspenden zu gewinnen. Solche Vorgänge werden Upgradings genannt. Das Basiswerkzeug ist die optimale Datenbank.

Das Upgrading auf eine höhere Stufe ist ein wichtiges Ziel. Noch relevanter ist es jedoch, einen Spender wenigstens auf seiner Stufe zu halten, damit er nicht wieder auf eine untere Stufe zurückfällt. Dies fällt in den Bereich der Spenderbindung.

Haben Sie bedacht ...

- Haben Sie das Prinzip der Spenderpyramide verinnerlicht?
- Werden Sie sich auch nach einiger Zeit harter Arbeit an die Pyramide erinnern?
- Arbeiten Sie an den Upgrading-Prozessen?
- Stellen Sie sicher, dass SpenderInnen nicht auf eine untere Stufe zurückfallen?

1.4. Die Gründung – die richtigen Zutaten

Die meisten Non-Profit- oder Not-for-Profit-Organisationen entstanden aus der Einsicht, dass eine bestimmte Notlage oder eine sehr schlechte Situation besteht, und dem Bedürfnis, zu helfen. Familienmitglieder, Freunde, Bekannte oder Sie selbst sind oder waren von einer extremen Situation betroffen, in der Sie nicht die Hilfe oder Unterstützung gefunden haben, die Sie benötigt hätten. Es kann auch um die Umwelt, bedrohte Tiere oder andere Dinge gehen. Auf jeden Fall ist es etwas, was Ihnen sehr am Herzen liegt.

Nun haben Sie beschlossen, die Dinge selbst in die Hand zu nehmen. Gut so! Eine Non-Profit-Organisation oder auch einen Verein oder Verband zu gründen und zu leiten, kann eine aussergewöhnliche, sehr zufrieden stellende und gesellschaftlich sinnvolle Tätigkeit sein, vorausgesetzt Sie verfügen über die notwendigen «Zutaten»:

- Wissen über Fundraising,
- Zeit,
- gute Schuhsolen,
- finanzielle Ressourcen,
- tief gehendes Wissen über das Fachgebiet,
- realistische Ziele,
- eine brauchbare Strategie, um die Ziele zu verwirklichen,
- Unterstützung von Leuten mit den gleichen Zielen,
- Rückhalt in der Familie und bei Freunden,
- eine starke Motivation und Überzeugung,
- mögliche Partnerorganisationen/Kooperationen,
- Unternehmergeist,
- Kenntnisse über die Führung eines Unternehmens,
- Flexibilität, und schliesslich:
- Wollen Sie wirklich eine NPO?

Haben Sie Kenntnisse über die Führung eines Unternehmens? Unternehmergeist? Beides ist vonnöten, denn die Leitung eines Vereins oder einer NPO entspricht der eines normalen Unternehmens. Obwohl Sie andere Ziele haben, müssen Sie doch den Betrieb in Gang bringen und am Laufen halten. Sie müssen für ihn werben und sich mit finanziellen Fragen beschäftigen.

Wir wollen auf einzelne Punkte etwas näher eingehen:

Wissen über Fundraising

Um anderen helfen zu können – um andere zu unterstützen –, benötigen Sie Geld. Das werden Sie zum grössten Teil mittels Fundraising beschaffen müssen. Dieses Buch bietet Ihnen die notwendigen Grundlagen.

Zeit

Eine Unternehmensgründung oder die Gründung einer Organisation – und ist sie noch so klein – erfordert Zeit. «Sicher», werden Sie sagen, «das ist mir klar.» Bereiten Sie sich aber darauf vor, dass Sie noch mehr Zeit benötigen, als Sie am Anfang erwarten. Auch wenn Sie Entscheidungen und Unterstützungen lieber heute als morgen hätten, klappt das nicht immer so wie gewünscht. In manchen Angelegenheiten sind Sie von anderen abhängig. Mehr Zeit, als Sie erwarten, werden Sie aber vor allem für die Ausarbeitung eines Konzepts mit zugehörigem Budget benötigen. Die ersten Gedanken müssen meist nach einiger Zeit wieder über den Haufen geworfen werden, weil sich herausstellt, dass das Projekt so nicht durchführbar ist. Das wiederum beeinflusst andere Schritte, die Sie geplant hatten. Lassen Sie sich davon aber nicht entmutigen. Sie kommen jedes Mal einen Schritt weiter. Planen Sie einfach viel Zeit ein.

Gute Schuhsohlen

Bevor Sie sich an die eigentliche Planung und Gründung der Organisation machen, sollten Sie Informationen sammeln. Natürlich finden Sie heute viele Informationen im Internet, aber Sie sollten auch mit «normalen» Menschen Ihre Ziele diskutieren. Dadurch erfahren Sie viel über die Spendenbereitschaft.

Gespräche mit Betroffenen und Fachleuten helfen Ihnen, die Lage besser einzuschätzen und sich der Bedürfnisse der von Ihnen unterstützten Gruppe zu vergewissern. Auch erfahren Sie so vielleicht mehr über andere Organisationen mit ähnlichen Zielen und über staatliche oder private Finanzierungsmöglichkeiten.

Finanzielle Ressourcen

Viele gute Ideen oder Anliegen werden nie in die Tat umgesetzt, weil es sich der Gründer nicht leisten kann, auf sein normales Gehalt über einen längeren Zeitraum zu verzichten. Wenn eine NPO gestartet wird, kommt das für die Gründung erforderliche Kapital für erste Informationsbroschüren, die Büroausstattung usw. zumeist vom Gründer selbst. Ausserdem erfordern die Basisarbeit und der gesamte Gründungsprozess Zeit. Wenn es in dieser Phase kein weiteres Einkommen, gespartes Kapital oder eine andere Unterstützung gibt und gleichzeitig eine Familie ernährt werden soll, scheitert die eine oder andere gute Idee bereits vor der Startphase.

Manch einer schafft es allerdings, seinen normalen Job beizubehalten und für die Gründung der eigenen Organisation in der Freizeit zu arbeiten. Auch dies erfordert die volle Unterstützung der Familie oder des Partners.

Tief gehendes Wissen über das Fachgebiet

Sind Sie ein langjähriger Kenner der Situation? Oder sind Sie erst kürzlich durch ein bestimmtes Ereignis auf dieses Thema gestossen? In diesem Fall sollten Sie sich erst einmal tief gehend mit der Lage vertraut machen. Vielleicht existieren bereits ähnliche Organisationen, die Sie bisher übersehen haben, oder vielleicht gibt es bestimmte rechtliche Fragen, die den Service, den Sie anbieten möchten, unmöglich machen. Auch wenn Sie meinen, mit der Lage seit langem vertraut zu sein, sollten Sie sich über mögliche neue Entwicklungen und rechtliche Änderungen informieren.

Realistische Ziele
Setzen Sie Ziele und erarbeiten Sie eine Strategie zur Umsetzung dieser Ziele. Dabei werden Sie vielleicht bereits auf erste Umsetzungsschwierigkeiten stossen. Vergewissern Sie sich, bevor Sie sich an die Umsetzung machen, dass diese Ziele realistisch sind, indem Sie Gespräche mit Betroffenen und Fachleuten führen. Suchen Sie bereits jetzt Menschen mit den gleichen oder ähnlichen Zielen. Diskussionen werden Ihnen helfen, unrealistische Erwartungen und Einschätzungen aufzudecken.

Rückhalt in der Familie und bei Freunden
Viele Gründer von Organisationen und Vereinen unterschätzen die Auswirkungen der Gründung auf die Familie und Freunde. Am Anfang lässt sich die wöchentliche Arbeitszeit noch einigermassen einteilen. Soll es aber zügig vorangehen und sind erst einmal Mitarbeiter oder Ehrenamtliche im Einsatz und werden Bedürftige unterstützt, so wollen viele Dinge geregelt werden. Spätestens dann ist wohl ein grosser Arbeitseinsatz erforderlich, für den Familie, Partner und Freunde Verständnis haben sollten. Eventuell werden Sie auch in Ihrer Freizeit gedanklich bei Ihrer Gründung sein – und bedenken Sie auch, wie Sie mit einem möglichen Misserfolg umgehen werden. Siehe zum Thema Rückhalt in der Familie auch «Finanzielle Ressourcen» (Seite 27).

Motivation und Überzeugung
Neben Zeit und persönlicher Energie für den Aufbau werden Sie auch einige Überzeugungskraft aufbringen müssen. Überlegen Sie sich bereits jetzt, welche Ihre überzeugenden Punkte sind, wenn es zum Thema Fundraising kommt. Wenn es um finanzielle Fragen geht, werden einige Leute die Existenz ihrer Organisation kritisch hinterfragen wollen.

Fragen Sie sich, inwieweit Ihre Emotionen durch ein kürzlich stattgefundenes Ereignis in Aufruhr gerieten. Werden Sie auch über Jahre das gleiche Engagement für dieses Thema aufbringen können?

Mögliche Partnerorganisationen/Kooperationen

Die Gründungsphase ist mit einem gewissen Finanzierungsbedarf belastet, und es werden häufig Fehler gemacht, die sich mit mehr Erfahrung verhindern liessen. Ein Ausweg bietet hier die Zusammenarbeit mit einem bereits etablierten Verein oder einer NPO. Vielleicht lassen sich die Büroräume oder Computer gegen ein geringes monatliches Entgelt benutzen. Achten Sie bei der Anfrage allerdings auf die Reputation des Vereins oder der Organisation. Ihre Neugründung sollte nicht mit einem schlechten Image der Partnerorganisation belastet werden. Umgekehrt müssen Sie auch damit rechnen, dass eine angesehene Partnerorganisation Ihre Ernsthaftigkeit und Ihre Reputation prüft.

Unternehmergeist

Ein Verein, ein Verband oder eine gemeinnützige Organisation muss letztendlich wie ein gewinnorientiertes Unternehmen geführt werden, auch wenn es nicht um Gewinne geht. In Studien wurden einige Eigenschaften gefunden, die erfolgreiche Unternehmer auszeichnen. Hierzu zählen die Motivation, etwas zu erreichen, die Gewohnheit, hart und viel zu arbeiten, Unabhängigkeit, starke Führungsqualitäten und eine gewisse Schlauheit.

Zu den Eigenschaften, die Unternehmer hingegen in der Regel nicht auszeichnen, zählen die Bereitschaft, hohe Risiken einzugehen, und Spielleidenschaft. Entgegen der gängigen Meinung, dass Unternehmertum mit der Bereitschaft zu einem hohen Risiko verbunden ist, stehen hinter Unternehmensgründungen zumeist sorgfältig durchdachte Angebote, die Auswahl eines bestimmten Marktsegments und einer gut definierten Zielgruppe, eine kreative Finanzierung, ein gutes Team und eine gründliche Planung.

Das Alter, das Geschlecht, der Familienstand und das Ausbildungsniveau spielen keine Rolle. Jeder Unternehmer ist ein Individuum mit persönlichen Fähigkeiten, Stärken und Schwächen und Charaktereigenschaften. Der Geheimtipp lautet, sich dieser Fähigkeiten und Eigenschaften bewusst zu sein und auf diese zu bauen.

Kenntnisse über die Führung eines Unternehmens

Wie schon erwähnt, entspricht die Leitung eines Vereins oder einer NPO der eines normalen Unternehmens. Obwohl Sie andere Ziele haben, müssen Sie doch den Betrieb in Gang bringen und am Laufen halten, für ihn werben und sich mit finanziellen Fragen beschäftigen. Verfügen Sie über betriebswirtschaftliche Kenntnisse, wissen Sie bereits, was auf Sie zukommt. Haben Sie aber wenig oder gar keine Erfahrung, dann sollten Sie jemanden suchen, der Ihre Ziele mit Ihnen teilt und sich auf diesem Gebiet auskennt. Wahrscheinlich wird hier jemand vonnöten sein, der sich bereits mit grundsätzlichen und strategischen Fragen der Unternehmensführung beschäftigt hat. Zusätzliche Unterstützung für die Buchhaltung und so weiter können Sie dann zu einem späteren Zeitpunkt suchen.

Flexibilität

Als Gründer einer Organisation oder eines Vereins sollten Sie darauf vorbereitet sein, viele Tätigkeiten zu übernehmen. In den ersten ein oder zwei Jahren werden Sie die Post ebenso erledigen wie den Einkauf von Büromaterial oder Getränken für Veranstaltungen.

Auch sollten Sie darauf vorbereitet sein, dass nicht immer alles so läuft, wie Sie es sich gedacht hatten. Sie werden Rückschläge hinnehmen müssen, aber es werden sich auch neue Möglichkeiten, an die Sie bisher nicht gedacht haben, auftun. Hier müssen Sie flexibel sein und umdenken können.

Wollen Sie wirklich eine NPO?

Bevor Sie starten, sollten Sie sich noch einmal fragen, welchen Charakter Ihre Organisation haben soll. Manche Anliegen lassen sich besser in ein gewinnorientiertes Unternehmen verpacken, das einen gewissen Service verkauft. In einer NPO haben Sie nicht die gleiche Kontrolle über Ihre Organisation. Sie sind nicht der Eigentümer der Gesellschaft und sind anderen (zum Beispiel den SpenderInnen) gegenüber verantwortlich. Wenn Sie eine NPO oder einen Verein gründen und engagierte Vorstandsmitglieder suchen, haben danach alle im Vorstand eine Stimme. Der Vorstand kann aber beschliessen, Sie zu ersetzen.

Zumeist ist jedoch das Anliegen, Menschen zu helfen, oder ein anderes, sinnvolles Ziel ausschlaggebend. Letztendlich werden Sie eine grosse Plattform für Ihre Ideen und Ihre Kreativität finden. Ausserdem erhalten Sie mit ziemlicher Sicherheit für Ihr Engagement einiges zurück. Hierzu zählen unter anderem die Chance, für eine gewisse Zeit sein eigener Boss zu sein, und die Möglichkeit, in alle Aspekte der Organisation Einblick und Mitspracherecht zu haben. Last, not least vermeiden Sie die Bürokratie einer grossen Organisation.

Haben Sie bedacht ...

- Verfügen Sie über die fachlichen Kenntnisse zur Gründung eines Unternehmens?
- Besitzen Sie ausreichende finanzielle Möglichkeiten?

- Finden Sie Rückhalt im privaten Bereich?
- Haben Sie die Umsetzbarkeit Ihrer Vorstellungen überprüft?
- Konnten Sie Partner finden?
- Werden Sie Ihr gemeinnütziges Anliegen – auch über einen längeren Zeitraum – «herüberbringen» können?

2. Alleine geht es nicht – Mitarbeiter und Freiwillige

2.1. Gemeinsam arbeiten – Jeder Einzelne ist wichtig

Um Ihr Anliegen und Ihre Ideen erfolgreich umzusetzen, benötigen Sie Mitarbeiter oder Freiwillige. Allein werden Sie niemals weit kommen. Verteilen Sie die Arbeit auf mehrere Schultern. Sehen Sie sich als Team! Beziehen Sie Mitarbeiter, Freiwillige, Interessierte und auch SpenderInnen in Ihr Konzept und Ihre Planungen ein.

Sie werden sehen: Wenn Sie Ihre Pläne gemeinsam mit Ihren Mitarbeitern und Freiwilligen absprechen und festlegen, wird es für Sie viel einfacher sein, Projekte zu planen und auch umzusetzen. Auch wird deutlich, welche Projektideen abzulehnen sind.

Wenn Ihr Vorstand beispielsweise bei dem Charity-Abend einer anderen Organisation war und Ihnen vorschlägt, etwas Vergleichbares zu veranstalten, können Sie Ihn fragen: «Welche bereits geplante Aktivität sollen wir streichen, damit wir diesen Abend organisieren können?» Wenn dieser Abend nicht in Ihren Plan zu integrieren ist, werden Sie keine Aktivität finden, gegen die Sie den Abend austauschen können. Dies hilft Ihnen, auch einmal «Nein» zu sagen.

Überhaupt wird die Fähigkeit zum Neinsagen Ihnen und Ihrer Organisation helfen, erfolgreich zu sein. Sie können sich an den gesetzten Zielen messen lassen. Und ist es nicht besser, wenn dies Ziele sind, die frühzeitig durch eine breite Mehrheit festgelegt und abgesegnet und nicht kurzfristig erstellt wurden und alles durcheinander bringen?

Jeder ist verantwortlich

Wer ist in Ihrer Organisation für das Marketing und die Weiterentwicklung der Organisation verantwortlich? Jeder, sollte die Antwort lauten.

Das Verhalten jeder Mitarbeiterin, jedes Freiwilligen in Ihrer Organisation hat Auswirkungen auf die Organisation insgesamt, und jeder kann zu einer wachsenden Bekanntheit Ihrer Organisation oder Ihres Anliegens beitragen. Jeder kann weitere Freiwillige oder finanzielle Unterstützung gewinnen oder auch durch sein Verhalten abschrecken.

Der erste persönliche Kontakt

Die Art und Weise, wie Interessierte von Ihrer Organisation begrüsst und informiert werden, ist enorm wichtig. Die freundliche Stimme am Telefon oder die Begrüssung, wenn jemand bei Ihnen vorbeikommt, sind für das Image Ihrer Organisation und damit für Ihren Erfolg ausgesprochen wichtig. Ihre Mitarbeiter und Freiwilligen repräsentieren Ihre Organisation tagtäglich gegenüber der breiten Öffentlichkeit.

Informationspolitik und Dankesschreiben

Ebenso wichtig sind Mitarbeiter, die Fragen aus der Bevölkerung beantworten und Dankesschreiben für Spenden aufsetzen. So sehen Interessierte und SpenderInnen, dass ihr Interesse wichtig ist, und sie werden Sie weiterhin unterstützen.

Machen Sie jedem Einzelnen in Ihrer Organisation klar, dass er die Organisation repräsentiert und somit eine wichtige PR-Aufgabe zu erfüllen hat.

Sich mit der Organisation identifizieren

Wenn Sie Mitarbeiter aus allen Ebenen regelmässig in den Planungsprozess, die Zielsetzung, die Prioritätensetzung und die Umsetzung einbeziehen, werden Sie deren Gefühl für die Organisation stärken. So geben Sie jedem Einzelnen die Möglichkeit, sich mit der Organisation zu identifizieren und die Ziele mitzutragen. Informieren Sie Ihre Mitarbeiter und Freiwilligen über die erreichten Erfolge, aber auch über die Misserfolge. Damit sichern Sie sich langfristig ihre Mitarbeit.

Haben Sie bedacht ...

- Weiss jeder Mitarbeiter, welche Auswirkungen sein Verhalten für die NPO haben kann?
- Beziehen Sie jeden, der für Ihre Organisation wichtig ist (Freiwillige, SpenderInnen, Mitarbeiter, Vorstand und so weiter) in Ihr Konzept und Ihre Planungen ein?
- Haben Sie ein Konzept für Ihre Informationspolitik und Ihre Spenderbindung erarbeitet?
- Haben Sie es geschafft, dass sich Mitarbeiter und Freiwillige mit Ihrer Organisation identifizieren?

2.2. Tatkräftige Unterstützung – Ehrenamtliche und Freiwillige

Für einen kleinen Verein, eine kleine Organisation mit begrenzten Ressourcen sind ehrenamtliche Mitarbeiter ganz besonders wichtig. Letztendlich können sie für den Erfolg oder Misserfolg Ihrer Planungen entscheidend sein. Sie bringen meist auch neue Fähigkeiten und Ideen, unverbrauchte Energie und frischen Wind in Ihre Organisation.

Ehrenamtliche können sogar – natürlich mit der entsprechenden Unterstützung durch einen professionellen Mitarbeiter – die Fundraising-Aktivitäten für eine kleine Organisation übernehmen. Generell sollten weder Zeit noch der Aufwand gescheut werden, um freiwillige Mitarbeiter zu schulen. Dies ist eine Investition, die sich langfristig mehrfach rentieren wird.

Freiwillige, die wissen, was auf sie zukommt, die eine klare Aufgabenbeschreibung und klare Richtlinien erhalten und auch richtig eingearbeitet werden, können wichtige Aufgaben übernehmen. Talentierte und überzeugte Freiwillige können weitere Freiwillige begeistern, sie zur Mitarbeit bewegen und die Planung und Durchführung spezieller Projekte, wie einer besonderen Veranstaltung, oder die Erstellung des Jahresberichts übernehmen. Sie werden sehen: Hier eröffnet sich ein sehr weites Feld von Einsatzmöglichkeiten.

Seltsamerweise wird gerade von Non-Profit-Organisationen häufig die Bedeutung von freiwilligen Mitarbeitern unterschätzt oder nicht ausreichend wahrgenommen. Investieren diese doch einen Grossteil ihrer freien Zeit, ihrer Energie und ihres kreativen Potenzials. Zusätzlich zu ihrer Einsatzbereitschaft und der investierten Zeit sind freiwillige Mitarbeiter häufig auch bereit zu spenden. Nicht selten sind sie mit die wichtigsten SpenderInnen für eine Organisation. Könnten Sie bessere SpenderInnen finden als jene, die die Ziele und Anliegen und die Arbeitsweise Ihrer Organisation genaustens kennen und mittragen? Scheuen Sie sich also nicht, auch Ihre freiwilligen Mitarbeiter um finanzielle Unterstützung zu bitten, denn die wissen, wie notwendig diese ist. Geben Sie ihnen in regelmässigen Abständen die Gelegenheit, Ihre Ziele auch finanziell zu unterstützen.

2.2.1. Wie finde ich Freiwillige?

Sehen Sie sich zunächst in Ihrem persönlichen Umfeld um. Familienmitglieder, Freunde und Bekannte, mit denen Sie die Ziele Ihrer Organisation diskutiert haben, wissen, worum es geht. Je besser die Menschen über Ihr Anliegen informiert sind, desto besser verstehen sie die Notwendigkeit einer freiwilligen Mitarbeit. Haben Sie schon Mitarbeiter für andere Aufgaben? Fragen Sie auch diese, ob sie am Fundraising-Programm teilnehmen wollen.

Planen Sie eine besondere Veranstaltung? Denken Sie an die Kirche, Verbände, Vereine, Seniorenkreise und andere Organisationen. Häufig finden Sie hier Freiwillige, die Ihnen gerne bei der Organisation und Durchführung einer Veranstaltung oder auch einer Mailing-Aktion helfen. Es ist relativ einfach, Unterstützung für eine zeitlich begrenzte Aktion zu finden. Wenn die Planung dann gut war und alles glatt über die Bühne gegangen ist, entwickeln sich manche dieser zeitlich begrenzten Freiwilligen zu langfristig sehr wertvollen Helfern. Manche möchten auch mehr in die Arbeit einbezogen werden und weitere Aufgaben übernehmen.

Regionale und lokale Zeitungen sowie Anzeigenblätter sind eine weitere, sehr gute Möglichkeit für die Suche nach freiwilligen Mitarbeitern. Veröffentlichen Sie eine kurze Notiz mit den Zielen Ihrer Organisation und einer möglichst genauen Beschreibung der zu vergebenden Aufgaben. Erfahrungsgemäss werden sich hier eine ganze Menge Menschen melden. Führen Sie mit jedem einzelnen ein Gespräch und danken Sie auch ganz besonders den Menschen, für die Sie im Moment keine Einsatzmöglichkeit sehen.

Last, not least: Freiwillige sind Ihre wichtigsten Multiplikatoren. Sie werden in ihrem Freundes- und Bekanntenkreis von der freiwilligen Mitarbeit erzählen. Sind sie von ihrer Arbeit überzeugt und begeistert, können Sie leicht weitere Freiwillige gewinnen.

Denken Sie daran, dass Sie nicht alles alleine machen können. Sprechen sie mit Ihren wichtigsten Freiwilligen und schulen Sie sie für Gespräche mit eventuell neuen Freiwilligen. Übergeben Sie ein Projekt mit der Verantwortung für die Suche nach Mitarbeitern. Häufig arbeiten neue Freiwillige gerne mit demjenigen zusammen, der sie für das Projekt begeistert hat. Die Mitglieder der Projektgruppe werden so harmonischer und wahrscheinlich auch effizienter zusammenarbeiten können.

Nutzen Sie die Fähigkeiten, die Energie und die persönlichen Kontakte von Ihren Mitarbeitern, um ein Netz von freiwilligen Helfern aufzubauen. Die Verantwortung und Führung dieser Gruppe können Sie dann auch an einen fähigen und engagierten Mitarbeiter übergeben.

2.2.2. Erwartungen und Verantwortlichkeiten

Um Missverständnissen vorzubeugen und sowohl Ihre als auch die Erwartungen von Freiwillen zu erfüllen, sind Aufgabenbeschreibungen *(job descriptions)* notwendig. Auf einer oder zwei Seiten sollten die Aufgaben und Verantwortlichkeiten für jeden einzelnen Freiwilligen oder für eine Gruppe mit den gleichen Aufgaben festgelegt werden. Die *job description* sollte auch einen Zeitrahmen und den Hinweis auf eine Berichterstattung beinhalten. Eine Berichterstattung über die Fortschritte ist notwendig, damit der Mitarbeiter bei Problemen rechtzeitig Unterstützung erhalten kann.

Wenn Sie einen oder mehrere freiwillige Mitarbeiter mit der Verantwortung für das Fundraising-Programm beauftragt haben, sollten Sie die Aufgaben ganz klar definieren und auch schriftlich festlegen, welche Unterstützung sie von anderen, vielleicht fest angestellten Mitarbeitern erwarten können.

Eine Schulung ist auch für freiwillige Mitarbeiter unumgänglich. Da sind zunächst die Ziele und Aufgaben Ihrer Organisation, mit denen jeder Mitarbeiter vertraut sein sollte. Dann sollte jeder auch die Projekte und Dienstleistungen kennen, die über die eigenen Verantwortlichkeiten hinausgehen. Jeder Freiwillige wird automatisch ein Vertreter Ihrer Organisation in der Öffentlichkeit und sollte daher genau über die Arbeit der Organisation Bescheid wissen. Und natürlich gelingt die Arbeit am eigenen Projekt besser, wenn man weiss, was die anderen tun. So lassen sich Synergien nutzen und Überschneidungen vermeiden.

Haben Sie bedacht ...

- Konnten Sie freiwillige Mitarbeiter gewinnen?
- Haben Sie diese freiwilligen Mitarbeiter ausbilden können?
- Konnten Sie einzelne Aufgabenfelder an Freiwillige übertragen?
- Haben Sie Ihre freiwilligen Mitarbeiter um finanzielle Unterstützung gebeten?
- Bemühen Sie sich, Freiwillige, die an einem Projekt arbeiten, zur langfristigen Zusammenarbeit zu bewegen?
- Motivieren Sie Ihre freiwilligen Mitarbeiter ausreichend und geben Sie ihnen positives Feedback?

2.3. Mitdenken und -helfen – der Vorstand

Eine der wichtigsten Voraussetzungen für erfolgreiches Fundraising ist ein Vorstand. Sie können davon ausgehen, dass Sie, wenn Sie einen Vorstand aus kompetenten und engagierten Leuten zusammengestellt haben, von diesen Mitgliedern auch für das Fundraising Unterstützung erwarten können.

Konnten Sie zum Beispiel den Marketingleiter eines grösseren Unternehmens als Vorstandsmitglied für Ihre Organisation gewinnen, können Sie von ihm wahrscheinlich nicht nur eine Beratung in Marketingfragen erwarten – er kann vielleicht auch die Verantwortlichen in seinem Unternehmen zu Spenden für Ihre Organisation bewegen.

Häufig besteht der Vorstand aus einem Vorsitzenden, seinem Stellvertreter und einigen weiteren Vorstandsmitgliedern, von denen einer für finanzielle Fragen zuständig ist.

Im Folgenden ein Auszug aus einer Satzung, wie er in einer NPO zu finden sein könnte:

«Die zu wählenden Vorstandsmitglieder werden jeweils auf die Dauer von zwei Jahren durch die Mitgliederversammlung gewählt. Nach Ablauf ihrer Amtszeit führen sie bis zur Wahl eines neuen Vorstandes die Vereinsgeschäfte weiter. Ihre Wiederwahl ist zulässig.

Jedes Vorstandsmitglied muss in einem getrennten Wahlgang – auf Antrag von 20 Prozent der anwesenden Mitglieder in geheimer Wahl – gewählt werden. Als gewählt gilt, wer die meisten gültigen Stimmen auf sich vereinigt. Bei Stimmengleichheit entscheidet das Los.

Der Vorstand beschliesst in seinen Sitzungen mit einfacher Stimmenmehrheit. Bei Stimmengleichheit der Anwesenden entscheidet die Stimme des Vorsitzenden, in seiner Abwesenheit die Stimme des Sitzungsleiters. Beschlussfähig ist der Vorstand, wenn mindestens drei seiner Mitglieder anwesend sind.

Der Verein wird durch zwei Vorstandsmitglieder, von denen einer der Vorsitzende oder der Stellvertreter sein muss, gerichtlich und aussergerichtlich vertreten.

Für die Erledigung der laufenden Geschäfte des Vereins kann der Vorstand mit Zustimmung der Mitgliederversammlung einen

Geschäftsführer bestellen, der an den Vorstandssitzungen und den Mitgliederversammlungen in beratender Funktion, also ohne Stimmrecht teilnimmt.»

Im Übrigen ist die Tätigkeit von Vereinen und Stiftungen in Deutschland, Österreich und in der Schweiz durch entsprechendes Vereins- bzw. Stiftungsrecht geregelt. Besorgen Sie sich unbedingt die entsprechenden Gesetzestexte und, fast noch wichtiger, die Kommentare, die Juristen in der Regel dazu verfassen. Sie enthalten häufig Musterstatuten und -satzungen, nach denen Sie vorgehen können.

Betrachten Sie die Gewinnung von Vorstandsmitgliedern als eine wichtige Aufgabe. Besprechen Sie regelmässig mit Ihren Mitarbeitern, wer als neues Vorstandsmitglied in Frage kommt, und regen Sie zu Vorschlägen an.

Haben Sie bedacht ...

- Haben Sie eine Liste mit möglichen Vorstandsmitgliedern erstellt?
- Haben Sie Ihre Mitarbeiter bei der Auswahl dieser Namen einbezogen?
- Konnten Sie einflussreiche Leute als Vorstandsmitglieder gewinnen?
- Um welche zusätzliche Unterstützung können Sie die Vorstandsmitglieder bitten?

2.4. Zusammenarbeiten – Möglichkeiten nutzen

Wenn Sie ein Ziel nicht allein erreichen können, weil Ihnen die finanziellen oder personellen Ressourcen fehlen, ist eine Kooperation häufig eine gute Lösung. Die Zusammenarbeit mit anderen Organisationen, beispielsweise bei der Planung und Durchführung einer Veranstaltung, kann nicht nur Ihre Rückflüsse erhöhen, sondern auch das finanzielle Risiko der Veranstaltung verkleinern.

Ein weiterer Vorteil einer Kooperation zeigt sich bei der Suche nach Sponsoren. Ein Event, der von mehreren Organisationen veranstaltet wird, ist auch für Sponsoren interessanter. Potenzielle Sponsoren erhalten jährlich eine Vielzahl von Anfragen. Gerne nutzen sie grössere Veranstaltungen mit einem gewissen Medienfeedback. So bietet sich ihnen die Möglichkeit, mehrere Organisationen auf einmal zu unterstützen.

Durch eine Kooperation erreichen auch Sie ein grösseres Publikum. Interessierte, SpenderInnen und Mitarbeiter von anderen beteiligten Organisationen werden an dem Event teilnehmen, eine gute Gelegenheit, um weitere Freiwillige zu finden.

Achten Sie bei einer Kooperation darauf, dass alle Aufgaben und Zuständigkeiten klar verteilt werden. So könnte beispielsweise eine Organisation für die Einladungskarten verantwortlich sein, während eine andere das Unterhaltungsprogramm plant und wieder eine andere für das Catering zuständig ist. Manchmal kann es aber auch besser sein, wenn eine Organisation die Planung des gesamten Events übernimmt.

Haben Sie bedacht ...

- Haben Sie eine Liste mit möglichen, langfristigen Kooperationspartnern erstellt?
- Denken Sie an Kooperationspartner, wenn Sie ein einmaliges Projekt planen?
- Haben Sie die einzelnen Zuständigkeiten in einer Kooperation gut ausgearbeitet und klar zugewiesen?
- Bemühen Sie sich, in den Kooperationen weitere freiwillige Mitarbeiter zu finden?

3. Planung – die Organisation positionieren

3.1. Den Überblick behalten – realistische Planung

Der häufigste Fehler? Ein Zuviel an Planung! Das passiert häufiger, als man denkt. Sogar professionelle Planer verzetteln sich zuweilen in Planungsdetails und verlieren kurzzeitig den Blick fürs Wesentliche.

Dennoch ist Planung der wichtigste Baustein für Ihren Erfolg. Durch eine gute Planung ist es Ihnen und Ihren Managern möglich, Ihre Prioritäten zu erkennen, vergangene Erfolge und Fehlschläge zu analysieren und Ressourcen in die vielversprechendsten Alternativen zu investieren. Vor allem aber ermöglicht es jeder und jedem in Ihrer Organisation, in die gleiche Richtung zu arbeiten, also gemeinsam an einem Strang zu ziehen. Obwohl der eine oder andere Mitarbeiter vielleicht in eine andere Richtung gehen möchte, wird ein gut ausgearbeiteter Unternehmensplan die Erwartungen an die Mitarbeiter beschreiben und möglichen Missverständnissen vorbeugen.

Planung ist auch für eine kleine Organisation mit nur beschränkten finanziellen und personellen Mitteln möglich und sinnvoll. Wir zeigen Ihnen, auf welche Punkte Sie achten, wen Sie einbeziehen sollten und wie Sie die richtigen und wichtigen Informationen finden. Dazu sollten Sie sich über die strategische Planung Gedanken machen – aber auch über die realistische. Die wohl schwierigste Situation für den für die Entwicklung einer Organisation oder eines Vereins Verantwortlichen ergibt sich bei einer unrealistischen Planung.

Eine erfolgreiche Unternehmensplanung erfordert realistische Erwartungen und eine realistische Einschätzung der Situation und des Marktes. Für Organisationen und Vereine, die von Spendengeldern abhängig sind, bedeutet dies die richtige Einschätzung von Geldbeträgen und Zeithorizonten. Wenn Sie die folgende Fallstudie lesen, werden Sie sehen, dass die Mitarbeiter durchaus in der Lage gewesen wären, die gesetzten Ziele zu erreichen, wenn die Zeitplanung realistisch gewesen wäre oder wenn mehr Mitarbeiter zur Verfügung gestanden hätten.

Praxis-Beispiel:

Eine über lange Zeit erfolgreiche Organisation hatte plötzlich innerhalb von drei Jahren drei verschiedene Fundraisingleiter. Der Grund dafür waren unrealistische Erwartungen. Die drei Verantwortlichen selbst hatten jeweils durchaus realistische Erwartungen für die Einkünfte vorgegeben. Sie wurden jedoch vom Vorstand nicht akzeptiert, denn das erste dieser Jahre war überdurchschnittlich erfolgreich gewesen. Die Spendeneinnahmen hatten sich verdoppelt. So war der Finanzausschuss davon überzeugt, dass dies wieder möglich sein würde, ohne dabei auf die Einschätzung und Empfehlungen der drei Fundraisingleiter zu hören. Der Finanzausschuss war auch nicht bereit, an der Erfüllung seiner Erwartungen aktiv mitzuarbeiten oder zusätzliche Mitarbeiter zu gewinnen.

Langfristig erwiesen sich diese unrealistischen Erwartungen für die Organisation als extrem kostspielig. Es entstanden nicht nur hohe Personalkosten durch die drei Manager, die Organisation konnte auch einige Zahlungsverpflichtungen nicht erfüllen. Es mussten Kredite mit hohen Zinsen aufgenommen werden. Um die Finanzlücken auszugleichen, mussten mehrere Mitarbeiter entlassen werden. Da die Organisation offensichtlich nicht in der Lage war, mit den ihr anvertrauten Geldern sinnvoll umzugehen, sprangen auch wichtige SpenderInnen ab – und das zu einer Zeit, als eine finanzielle Unterstützung dringend benötigt wurde.

Wie aber schätzen Sie die Situation realistisch ein? Wie erstellen Sie eine realistische Planung? Indem Sie Ihren Unternehmensplan gründlich erarbeiten! Die Instrumente der strategischen Planung, die wir im nächsten Kapitel besprechen, helfen Ihnen dabei.

Haben Sie bedacht ...

- Haben Sie bedacht, dass eine gute Planung der wichtigste Baustein zu Ihrem Erfolg ist?
- Haben Sie Zeit für die Ausarbeitung eines Unternehmensplans eingeplant?
- Denken Sie daran, sich nicht in Planungsdetails zu verzetteln?
- Ist Ihnen klar, wie wichtig die richtige Einschätzung Ihrer Situation ist?

3.2. Der langfristige Weg – strategische Planung

3.2.1. Die Planung – wie all dies bewältigen?

Wenn die Planung so wichtig ist, warum versuchen dann viele Manager, sie zu umgehen? Vielleicht, weil eine effiziente Planung Zeit und eine kritische Analyse der anderen Beteiligten in Ihrer Organisation erfordert. Einen strategischen Plan können Sie nicht kurzfristig erstellen. Häufig wird eine Organisation den Prozess abkürzen wollen und nur ein oder zwei Personen in die Planung einbeziehen. Dies wird allerdings die Qualität und die Erfolgsaussichten der Planung erheblich einschränken. Ohne den Einbezug

Ihrer Mitarbeiter, oder zumindest wichtiger Entscheidungsträger, werden der Aufbau einer strategischen Planung und ihre Umsetzung sehr schwierig.

Die für Ihre Planungsgruppe wichtigen Informationsquellen zu kennen, wird den Prozess erleichtern. Jedes Planungsmitglied sollte entsprechendes Material sammeln und es an die anderen weiterleiten. Obwohl jede Organisation anders ist, lassen sich doch einige wesentliche Informationsquellen und Elemente der Planung festlegen.

- Aufgabenfeld: Definition des Mission-Statement (siehe S. 50).
- Tätigkeitsbereich: Definition der Tätigkeit der Organisation.
- Angebotspalette: Beschreibung des Angebots und seine Eingliederung in das Gesamtangebot der Region.
- Konkurrenzanalyse: Analyse anderer Organisationen und Vereine (siehe S. 54).
- Stärken-, Schwächen-, Chancen-, Risiken-Analyse (siehe S. 53).
- Zielgruppendefinition: An wen richtet sich die Organisation? Für wen ist sie da? Heute und in Zukunft.
- Finanzielle Daten: Beiträge, Spenden, Verträge, Ausgaben für Veranstaltungen und Programme und so weiter.
- Internes Anforderungsprofil: Was benötigen wir für die Bereiche Human-Resources, PR, Veranstaltungen, Räumlichkeiten und so weiter.

Die *strategische Planung* ist eine ausgezeichnete Gelegenheit für Sie und die anderen Entscheidungsträger, ein komplettes Bild von den Zielen und Möglichkeiten Ihrer Organisation zu erstellen. Die Planung

- bezieht Freiwillige, feste Mitarbeiter, Vorstand, Kunden/Zielgruppe, Meinungsbildner, Gründer, SpenderInnen mit ein,

- beinhaltet vergleichende Untersuchungen, warum und wie sich die Dinge entwickeln,
- bedeutet Entscheidungsfindung und Prioritätensetzung,
- beinhaltet eine Erfolgsmessung (durch Zielsetzungen und realistische Zeitvorgaben),
- ermöglicht in Abhängigkeit von den Resultaten Korrekturen der strategischen Ausrichtung.

Die strategische Planung wird beeinträchtigt, wenn einer der aufgeführten Schritte nicht oder zu kurz ausgeführt wird. Wenn eine Organisation Ziele verfolgt, die nicht ihren wesentlichen Stärken entsprechen, Projekte durchführt, ohne über die notwendigen Ressourcen zu verfügen, oder unrealistische Erwartungen hat, können ernsthafte Probleme auftreten.

Die strategische Planung sollte drei bis fünf Jahre umfassen und einzelne, messbare Ziele für die Entwicklung der Organisation – für die Bereiche Finanzen, Marketing, Fundraising, Human-Resources und jedes einzelne Programm oder Angebot der Organisation – beinhalten. Eine solch detaillierte Planung bereitet Ihre Organisation für den Erfolg in allen Aspekten ihrer Tätigkeit vor. Ausserdem hilft es bei Antragsstellungen, Public Relations, Spendenanfragen und Mitgliederkampagnen.

Wie all dies bewältigen? Es gibt verschiedene Möglichkeiten:

- Viele Organisationen heuern für diese Planung einen externen Berater an. Wenn das Budget es erlaubt, sicher sinnvoll.
- Ausserdem ist ein Austausch mit einer anderen Organisation oder einem anderem Verein denkbar. Vielleicht finden Sie eine Organisation, die diesen Prozess gerade durchschritten hat und ein oder zwei Mitarbeiter mit dem erforderlichen Know-how übersendet. Als Gegenleistung haben Sie vielleicht etwas zu bieten, was diese Organisation gerade benötigt.

- Es ist sicher möglich, in Ihrer Organisation gewissenhafte Mitarbeiter zu finden, die bereit sind, sich dem verantwortungsvollen Planungsprozess zu widmen.

Hier finden Sie einige Hinweise und Methoden, um das Thema selbst (mit Ihren MitarbeiterInnen) anzugehen:

3.2.2. Ziele – immer schriftlich niederlegen

Mission-Statement
Das Mission-Statement beschreibt idealerweise in einem Satz, mit einfachen Worten ausgedrückt, was das Anliegen Ihrer Organisation ist. Es ist die Basis Ihrer Arbeit. Dieser Satz sollte keine komplizierten Worte enthalten, keiner weiteren Erklärung bedürfen und für jeden verständlich sein.

Beispielsweise lautet das Mission-Statement für die Schweizerische Krebsforschung:

Wir setzen uns ein für eine Welt, in der …
- … weniger Menschen an Krebs erkranken.
- … weniger Menschen an den Folgen von Krebs leiden und sterben.
- … mehr Menschen von Krebs geheilt werden.
- … Betroffene und ihre Angehörigen in allen Phasen der Krankheit und im Sterben Zuwendung und Hilfe erfahren.

Einige Organisationen verwenden als Mission-Statement einen Satz, der so breit gefasst oder so vage ist, dass er auf viele Organisationen zutreffen könnte und letztendlich nichts aussagt. Beispiel: «Wir wollen Menschen helfen!» Das ist zwar ein schönes Anliegen, aber der Satz ist recht banal, mit der fatalen Folge, dass er weder der NPO bei der Planung hilft, noch mögliche SpenderInnen motivieren wird.

Es ist allerdings durchaus üblich, dass eine Organisation nach einigen Jahren feststellt, dass das ursprüngliche Mission-Statement nicht mehr mit den Zielen und Ergebnissen der strategischen Planung übereinstimmt und überarbeitet werden muss.

Case-Statement

Hierbei handelt es sich um einen längeren und ausführlicheren Text als bei dem Mission-Statement. Es ist Ihre wichtigste Grundlage für das Marketing, Fundraising und Public Relations. Es fasst die wichtigsten Aufgaben und Angebote Ihrer Organisation kurz und prägnant, jedoch mit Hintergrund-Informationen, zusammen. Daher kann es auch als Basis genutzt werden, um mögliche ehrenamtliche Mitarbeiter über die Organisation zu informieren oder um Dankesschreiben an SpenderInnen Informationen beizulegen. Ebenso kann es für Schulungen verwendet werden oder die Grundlage für auf Veranstaltungen verteilte Flyer sein. Falls Sie Gelder von staatlichen Stellen oder privaten Stiftungen beantragen wollen, wird Ihnen das Case-Statement auch hierfür eine gute Grundlage liefern. Es sollte beinhalten:

- die Gründe, warum das Angebot oder Programm Ihrer Organisation wichtig ist. Wer benötigt Ihre Unterstützung und warum? Hier sollten Fakten aus Statistiken und Untersuchungen aufgeführt werden. Auch können Experten zitiert werden;
- die Begründung der Einzigartigkeit und der Stärken Ihrer Organisation. Was bietet sie, was andere nicht bieten? Wie passt sie sich in das Gesamtangebot in der Region ein?
- eine mit den Bedürfnissen und dem geplanten Angebot verbundene Kostenübersicht;

- eine Darstellung der Vorteile und des Nutzens für Geldgeber und SpenderInnen;
- eine Übersicht über realistische Zielsetzungen und wie sie erreicht werden sollen;
- die Beantwortung der Fragen: Was sind Sie fähig zu leisten? Warum sind diese Organisation und ihre Mitglieder besonders für die Erfüllung der gesetzten Ziele geeignet? Hier können Sie die Ausbildungen und Erfahrungen der Mitarbeiter, Veröffentlichungen in Zeitungen und so weiter anführen;
- finanzielle, organisatorische und rechtliche Punkte: Hier können Sie Tortendiagramme über Einnahmen und Ausgaben und Ihre Finanzquellen anführen. Ebenfalls können Spenderlisten aufgeführt werden.

Der Stil sollte geschäftsmässig sein, kann aber auch emotionale Punkte beinhalten. Insgesamt muss es ein sehr breites und unterschiedliches Publikum ansprechen – insbesondere potenzielle Geldgeber. Deshalb sollten Sie sich beim abschliessenden Lesen Ihres Case-Statements selbst fragen:

- Würden Sie diese Organisation unterstützen?
- Glauben Sie, dass diese Organisation die aufgestellten Ziele erreichen kann und wird?
- Besteht ein echter, notwendiger Bedarf für die Leistungen Ihrer Organisation?
- Sind die Fakten wirklich überzeugend – und dies auch in Zukunft?

Stellen Sie diese Fragen auch anderen: Freunden, Leuten, die Sie unterstützen möchten, ExpertInnen ...

3.2.3. Stärken, Schwächen, Chancen, Risiken – alles analysieren

Für die Planung ist es wichtig, das Sie die Stärken und Schwächen Ihrer Organisation kennen. Auch müssen Sie einen Überblick über die Chancen und Risiken haben. Dies ist etwas aufwändiger, als es auf den ersten Blick scheint. Sie sollten sich mit Ihren MitarbeiterInnen hinsetzen und in einem ersten Brainstorming aufschreiben, was Ihnen einfällt. In den nächsten Monaten sollte diese Liste für jeden zugänglich sein, sodass jeder Mitarbeiter aufkommende Punkte eintragen kann. Dies wird Ihnen helfen, Ihre Organisation richtig einzuschätzen.

Im Einzelnen müssen Sie die Stärken Ihres Angebots kennen, um sie weiter auszubauen und publik zu machen. Befragen Sie hier auch die Menschen, für die Ihr Angebot da ist. Führen Sie alle Punkte auf. Sie werden im Laufe der Zeit eventuell sehen, dass Sie ehemals gewichtige Punkte zurückstufen und dafür andere Punkte aufwerten müssen.

Das Erkennen von Schwächen in Ihrem Angebot, der Struktur Ihrer Organisation, der finanziellen und räumlichen Gliederung und im Personalaufbau ist ebenso wesentlich, um die Organisation langfristig erfolgreich zu machen. Hier sollten Sie auch einen kritischen Blick auf Ihre Computer und die verwendete Software, die Büroausstattung sowie zukünftige Anforderungen an Gehälter und Sozialleistungen Ihrer Mitarbeiter werfen.

Für die Einschätzung der Chancen und Risiken ist eine ganze Menge Zahlenmaterial notwendig. Sie sollten sich eine detaillierte Übersicht über die Bevölkerungsentwicklung (Entwicklung der Tierpopulation/Natur) besorgen und die Prognosen der Entwicklung der für Sie wichtigen Zielgruppe(n) genau beobachten. Wenn Sie in einem medizinischen Feld tätig sind, sollten Sie sich die

Prognosen für die entsprechende Krankheit im Detail ansehen. Erstellen Sie einen Plan für mindestens fünf Jahre, in den Sie die potenzielle Anzahl der Menschen eintragen, die Ihren Service in Anspruch nehmen werden, die an Programmen und Seminaren teilnehmen und so weiter. Sie können hier auch die erwartete SpenderInnen-Entwicklung eintragen.

Chancen für Ihre Organisation können in einem zukünftig höheren Bedarf an Ihrem Angebot liegen. Sie können sich aber auch aus einer möglichen Zusammenarbeit mit einer anderen Organisation oder einer Erweiterung des Aufgabenfeldes Ihrer NPO ergeben. Auch könnten geplante politische Programmänderungen (zum Beispiel Kürzung der Mittel im medizinischen Bereich) Einfluss auf Ihre Tätigkeit haben.

Die Analyse möglicher Risiken bezieht sich im Wesentlichen auf äussere Faktoren. Sie müssen überprüfen, ob nicht eine andere NPO einen ähnlichen oder den gleichen Service anbietet. Sie würden mit dieser Organisation in Konkurrenz treten. Auch müssen Sie sehen, ob der Bedarf an Ihrem Service nicht in Zukunft abnehmen wird. Unter diesem Punkt kann beispielsweise auch das Auslaufen Ihres Mietvertrages aufgeführt werden. Sie müssen eventuell mehr Geld für einen neuen Mietvertrag einplanen.

3.2.4. Andere Organisationen – was machen sie?

Die Analyse anderer Organisationen, in der freien Wirtschaft auch Konkurrenzanalyse genannt, wird heute durch das Internet erleichtert, denn Sie können andere Vereine, Verbände oder Organisationen im Internet mit relativ wenig Aufwand einer tief gehenden Analyse unterziehen und sich dadurch einen Informationsvorsprung sichern. Die Jahresberichte und Broschüren anderer Organisationen, Zeitungsartikel und andere Veröffentlichungen können dafür aber auch auf althergebrachte Weise verwendet werden.

Ziel und Nutzen der Analyse

Es geht darum, das eigene Angebot und das eigene Auftreten erfolgreicher zu gestalten, also eine höhere Effizienz aus den Aktivitäten zu erzielen. Das Ziel und der Nutzen einer solchen Analyse sind also:

- die (Web-)Angebote und Methoden anderer Organisationen und damit
- die Standards sowohl im klassischen als auch im Online-Bereich (im Positiven wie im Negativen) besser zu kennen und daraus zu lernen.

Erstellen Sie eine Liste der Ihnen bekannten Organisationen und suchen Sie ihre Adressen im Internet. Neue Organisationen finden Sie, indem Sie Schlüsselbegriffe in Suchmaschinen eingeben und die Suchergebnisse auswerten. Speichern Sie die Websites der NPOs als *bookmarks* und erstellen Sie eine Liste mit den Adressen. Diese benötigen Sie, um Informationsmaterial anzufordern.

Tipp

Über das Internet können Sie auch schriftliche Informationen wie Flyer oder Broschüren anderer Organisationen anfordern.
Anschliessend bestimmen Sie eine Rangfolge nach der Wichtigkeit der Organisationen, um auch in der Analyse den Schwerpunkt auf die wichtigeren NPOs zu legen.

Das Design der Analyse

Das Design der Analyse muss sorgfältig erstellt werden, um den höchstmöglichen Nutzen aus dem Vorhaben zu ziehen. Es sollte sowohl organisatorische Fragen als auch einen Kriterienkatalog umfassen, nach dem die Unterlagen und Webseiten untersucht werden sollen.

Organisatorisches: Verantwortung für die Analyse
Sie müssen festlegen, wer die Verantwortung für die Planung und Durchführung der Analyse sowie Nutzung der Ergebnisse trägt. Die Leitung und Auswertung der Ergebnisse sollte von den Marketingverantwortlichen ausgeführt werden. Das gewährleistet eine hohe Wahrscheinlichkeit, dass die Ergebnisse der Analyse auch genutzt werden.

Ressourcen, Zeitplan und Frequenz der Analyse
Ein grosser Teil der Ressourcen muss für die Erstellung des Kriterienkatalogs verwendet werden. Das Durchsehen der Broschüren und Berichte sowie die Besuche der einzelnen Websites, das Ausfüllen der Bewertungsbögen und die Aufbereitung des Materials kann sehr gut als Aufgabenstellung für Praktikanten oder Studierende im Ferienjob delegiert werden. Je nach Umfang des Kriterienkataloges und der Übung des Durchführenden beträgt der Aufwand für das Ausfüllen des Kriterienkatalogs für eine Organisation etwa eine Stunde. Damit hat man jedoch nur die Rohdaten erfasst, die einer weiteren Auswertung und Systematisierung bedürfen. Die Auswertung selbst sollte dann von dem verantwortlichen Leiter oder zumindest unter seiner Aufsicht erfolgen. Die Umsetzung der Ergebnisse muss von dem verantwortlichen Leiter initiiert werden und von den Werbe- und Webseite-Verantwortlichen ausgeführt werden.

Die Analyse sollte für die wichtigsten Organisationen in festgelegten Abständen wiederholt werden, um über deren Aktivitäten auf dem Laufenden zu bleiben:

Nutzung der Ergebnisse für den eigenen Auftritt

Sie sollten von Anfang an eine klare Vorstellung haben, wie Sie die Ergebnisse für Ihren eigenen Auftritt nutzen wollen. Im Wesentlichen sollten für die folgenden Fragestellungen Empfehlungen entwickelt werden:

- Welche Neuerungen sind zu beobachten, und was sollten wir davon in unser Programm aufnehmen?
- Was sind die aktuellen Trends, und wie stehen wir dabei da?
- Was können oder müssen wir verändern?
- Welche Marketinginstrumente werden von den anderen vorrangig eingesetzt?
- Welche davon setzen wir ebenfalls ein, und welche sollten wir in unsere Planung aufnehmen?
- Welche Instrumente zur Spenderbindung werden benutzt?
- Welche davon können und sollen wir übernehmen?
- Welche Schlüsse können wir aus dem Auftritt über die Logistik der Mitbewerber ziehen?
- Was können wir daraus lernen?

Kriterien der Untersuchung und Auswertung

Im Wesentlichen gibt es drei Bereiche von Kriterien, die Sie untersuchen sollten: Design und allgemeiner Eindruck des Informationsmaterials, Angebot und Lieferung von Produkten sowie Marketingmethoden.

Design, Leserführung, Navigation und Benutzerfreundlichkeit

- Ist das Design klar und übersichtlich?
- Gibt es ein einheitliches Design für Printmaterial und den Webauftritt?
- Wird der Leser durch die Seiten geführt, oder fühlen Sie sich manchmal verloren?

- Gibt es Hilfe bei Fragen?
- Für das Internet: Ist die Ladezeit kundenfreundlich?
- Sind die Angebote auf der Website personalisierbar?

Angebotspalette, Art der Präsentation und Marketingmethoden
Marketingmethoden sind ausserordentlich wichtig und lassen wesentliche Rückschlüsse zu. Insbesondere der Aufbau einer Spenderloyalität hat auf den langfristigen Erfolg grossen Einfluss. Beurteilen Sie folgende Kriterien:

- Darstellung der Leistungen mit Beschreibungen und Fotos?
- Übersichtlichkeit?
- Was wird dem Spender geboten, um sein Interesse zu wecken?
- Hintergrundinformationen?
- Gibt es aktuelle Hinweise auf besondere Ereignisse wie Expertengespräche, Berühmtheiten im Interview, Fundraising-Events?
- Gibt es auf der Website downloadbare Dateien zu bestimmten Themen?
- Existieren auf der Website Suchmöglichkeiten in einer Datenbank?
- Welche Spendenmöglichkeiten werden angeboten?
- Gibt es eine Hotline oder ein Hilfstelefon?
- Gibt es eine Rubrik mit FAQs (häufig gestellte Fragen mit Antworten)?
- Muss sich der Besucher registrieren, um Informationen und Antworten zu erhalten?
- Mit welchen Partnern arbeitet man zusammen?
- Welche Informationen gewinnt man von SpenderInnen?
- Gibt es Gewinnspiele und Wettbewerbe?

Ein Telefonat oder eine E-Mail kann Ihnen Aufschluss über die Qualität des Services der Organisation geben. **Tipp**

Besonderes Augenmerk sollten Sie auf die folgenden Instrumente der Kundenbindung legen:

Newsletter, Zeitung und Online-Journal als Instrumente der Spenderbindung

- Gibt es einen Newsletter oder eine Zeitung (Papier und/oder online)?
- Gibt es eventuell mehrere Newsletter für verschiedene Bereiche oder Zielgruppen?
- Wie oft erscheint der Newsletter?
- Welche Themen werden behandelt?
- Gibt es ein Archiv?

Online: Forum und Chat als Instrumente der Spenderbindung

- Gibt es ein oder mehrere Foren oder gar ein Chat?
- Wie gut sind diese besucht?
- Wie aktuell sind die Einträge?
- Welche Themen werden behandelt?
- Was für Leute nehmen an Diskussionen teil?
- Wie gut kennen sich die Teilnehmer im relevanten Bereich aus?
- Wird das Forum moderiert?
- Gibt es Beiträge von Angestellten der Organisation?

Abonnieren Sie den jeweiligen Newsletter, falls Sie es noch nicht getan haben, und Sie werden regelmässig Informationen über die neuesten Entwicklungen bekommen. Allein dies liefert oft bereits wertvolle Hinweise über die Strategien anderer Organisationen.

Nach der sorgfältigen Auswahl der Kriterien stellen Sie diese am besten in einer Tabelle dar. Planen Sie genügend Freiraum für Kommentare während der Analyse ein. Machen Sie dann für jede einzelne Organisation einen eigenen Ausdruck.

Durchführung der Analyse

Sehen Sie eine Broschüre nach der anderen durch, bzw. besuchen Sie eine Webseite nach der anderen. Dabei gehen Sie Ihren Kriterienkatalog durch und füllen ihn so vollständig wie möglich aus. Schreiben Sie auch kleinste Beobachtungen auf. Dies ist relativ zeitaufwändig, wird Ihnen aber später gute Dienste leisten.

Auswertung und Nutzung für den eigenen Auftritt

Sie sollten die Ergebnisse am Ende sowohl nach Organisation als auch nach Kriterium ordnen. Sie können das mit wenig Aufwand erledigen, indem Sie die Ergebnisse gemäss den Kriterien in eine Word- oder Excel-Tabelle schreiben. Nutzen Sie dabei für jede beobachtete Organisation eine eigene Datei.

In die erste Spalte setzen Sie das Kriterium ein, in die zweite Ihre Ergebnisse und Kommentare. Wenn Sie in Word gearbeitet haben, können Sie die Ergebnisse nach Beendigung dieser Formatierung in einer Excel-Tabelle zusammenfassen, indem Sie die zweite Spalte der Word-Datei jeweils in eine Spalte der Excel-Tabelle einfügen. Nun können Sie die Ergebnisse nach Belieben sortieren, neu ordnen oder zusammenfassen. Nutzen Sie dabei Zwischenspalten und Farben.

Am Ende haben Sie eine umfassende Übersicht über die beobachteten Organisationen oder Vereine. Sie erkennen Trends und können für jedes Kriterium die besten Seiten definieren. So können Sie einen «Best-Practice»-Katalog erstellen und für Ihre eigene Organisation die besten Ideen – die Rosinen – herauspicken.

Haben Sie bedacht ...

- Sind Sie auf kritische Rückfragen vorbereitet?
- Haben verschiedene Mitarbeiter Informationsmaterial gesammelt, und haben alle Planungsmitglieder Einblick gehabt?
- Haben Sie Mitarbeiter, Freiwillige, Kunden und SpenderInnen in Ihren Planungsprozess einbezogen?
- Haben Sie ein Mission- und ein Case-Statement definiert?
- Entsprechen Ihre Ziele den ermittelten Stärken Ihrer Organisation?
- Haben Sie eine Konkurrenzanalyse (Analyse anderer NPOs) durchgeführt?
- Denken Sie an die kontinuierliche Beobachtung Ihres Umfelds, um die Ergebnisse Ihrer Analysen auf dem neuesten Stand zu halten?
- Ist die Umsetzung der Planungselemente gesichert?

4. Adressen – Basis des Direktmarketing

4.1. Die SpenderInnen kennen lernen – Hinweise und Methoden

4.1.1. Kontakt aufnehmen – Informationen sammeln

Marktforschung hat manchmal den Ruf, teuer, schwierig und oft nutzlos zu sein. Das trifft allerdings in der Regel nicht zu. Im Gegenteil: Marktforschung ist ein wichtiger Faktor für jedes erfolgreiche Fundraising-Programm.

Wer sind Ihre bisherigen Mitglieder und SpenderInnen? Was motiviert sie, gerade Ihrer Organisation zu spenden oder bei Ihnen mitzuarbeiten? Wie können Sie eine Bindung aufbauen? Dies sind kapitale Fragen, auf die Sie eine Antwort brauchen, um langfristig Spendeneinnahmen für Ihren Verband oder Ihre Organisation zu sichern. Diese Informationen benötigen Sie nicht nur, um die derzeitigen SpenderInnen zu halten und an die Organisation zu binden, sondern auch, um Briefe an mögliche neue SpenderInnen, so genannte kalte Adressen, zu versenden. Sie müssen in der Lage sein, neue potenzielle Spendergruppen zu definieren und mit den am besten geeigneten Mitteln zu kontaktieren, um festzustellen, welcher Ansatz am meisten Erfolg verspricht.

Informationen wie Alter, Familienstand, Geschlecht, Wohnform, Beruf und so weiter sind unbedingt erforderlich, um personalisierte Programme für Upgradings und die Einbindung der SpenderInnen zu entwickeln. Die folgenden Methoden sind nicht unfehlbar. Wenn Sie sie aber miteinander und mit anderen Informationen verknüpfen, so ergeben sich verlässliche und wertvolle Informationen über Ihre SpenderInnen.

Telefonate

Wenn Sie mit wichtigen SpenderInnen telefonisch Kontakt aufnehmen, erhalten Sie in kurzer Zeit viele Informationen. Zögern Sie anzurufen? Meinen Sie, Sie stören die SpenderInnen? Hier ist ein Gesprächsvorschlag: «Gerade habe ich gesehen, dass Sie uns eine grosszügige Spende gemacht haben. Ich habe mich so darüber gefreut, dass ich Ihnen persönlich danken möchte. Mit Ihrer Spende können wir unsere Arbeit weiter ausbauen und sinnvoll helfen.»

In diesem kurzen Telefonat mit der Spenderin oder dem Spender werden Sie schnell erfahren, wie es zum Kontakt mit Ihrer Organisation kam und warum sie, er oder die Familie an Ihrer Arbeit interessiert ist. Ihr Gesprächspartner ist vielleicht an einer weiteren Unterstützung zum Beispiel als Freiwilliger interessiert. Es kann sich ein positiver Gesprächsverlauf, aus dem sich sogar ein persönliches Treffen ergibt, entwickeln.

Ausserdem erhalten Sie durch diese Telefongespräche wichtige Informationen über die Zufriedenheit Ihrer SpenderInnen und ihre Meinung über Ihr Programm oder über die Einführung eines neuen Services. Auch können Sie die Akzeptanz modernerer Methoden wie das Spenden per Kreditkarte oder per Internet abfragen. Nicht zuletzt können Sie in diesen Telefongesprächen oder in einer schriftlichen Kontaktaufnahme abklären, ob die Spenderin oder der Spender an der Mitarbeit in einer Fokusgruppe interessiert ist.

Schriftliche Kontaktaufnahme

Schriftliche Kontakte sind geeignet, wenn Sie nur über ein begrenztes Budget verfügen oder wenn Sie die SpenderInnen nicht mit anderen Methoden erreichen können. Obwohl diese Methode nicht für wirklich weit reichende Informationen geeignet ist, können Sie doch einige spezielle Ideen oder bestimmte Fragen testen.

Diese schriftlichen Fragen können einzeln verschickt oder dem

Jahresbericht und Newsletter beigelegt werden. Sie eignen sich, um grundlegende Dinge abzuklären. Dazu zählen die Zufriedenheit des Spenders mit Ihrer Arbeit oder welche Punkte und Angebote Ihrer Organisation am meisten zu einer Spende anregen.

Sie können auch auf so genannte Minimumfragen zurückgreifen. Diese beinhalten eine oder zwei Fragen, die Sie einem Newsletter beilegen oder auf einer vorgefertigten Antwortkarte abfragen. Fragen Sie Ihre SpenderInnen, welche sie für die wichtigsten Aufgaben Ihrer Organisation halten, ob sie gerne Informationen über eine freiwillige Mitarbeit hätten oder ob sie gerne regelmässig über die Verwendung der Spendengelder informiert werden möchten. Auf diesem Wege können Sie einen mehr oder weniger kompletten Überblick über die Bedürfnisse, die Einstellungen und Gefühle Ihrer SpenderInnen erhalten.

Beachten Sie bei schriftlichen Befragungen, dass Sie eine recht grosse Anzahl an Anfragen herausschicken müssen, denn die Rücklaufquoten sind meistens sehr gering. Um die Rücklaufquote zu erhöhen, können Sie ein Dankeschön, ein so genanntes *Incentive*, wie die Einladung zu einer Veranstaltung oder ein kleines Geschenk, beilegen.

Tipp

Experten meinen: Wer um eine Spende bittet, erhält oft als Antwort einen Ratschlag. Wer aber um einen Ratschlag bittet, erhält Geld.

Fokusgruppen

Durch Fokusgruppen bzw. Gruppenbefragungen erhalten Sie qualitativ hochwertigere Informationen. Ausserdem sind sie besonders wertvoll, weil man hier Gelegenheit hat, SpenderInnen «live» zu erleben. In einer solchen Diskussion erfahren Sie viel Interessantes über die Ansichten Ihrer SpenderInnen. Häufig sind es Eindrücke, die Ihnen keine schriftliche Befragung geben kann, denn sie erfolgen spontan.

Auch können diese Gruppenbefragungen recht heilsam sein, denn die Befragten sind häufig sehr emotional und sagen unverblümt ihre Meinung. Seien Sie aber nicht zu schockiert, wenn Sie feststellen müssen, wie wenig die eingeladenen SpenderInnen über die Arbeit und Ziele Ihrer Organisation wussten, obwohl sie sie möglicherweise zum Teil schon jahrelang unterstützten.

Laden Sie ausgewählte SpenderInnen zu einer Gesprächsrunde ein. Unter der Leitung eines qualifizierten Moderators diskutieren die SpenderInnen über verschiedene Fragestellungen. Die Wahl des Moderators ist entscheidend für Erfolg und Misserfolg, denn er muss darauf achten, dass die Gruppe ausgewogen bleibt, jeder zu Wort kommt, tatsächlich sagt, was er wirklich denkt, und nicht unter dem Druck der Gruppe nur noch «nette» Sachen sagt. Die Ergebnisse werden per Video oder schriftlich dokumentiert.

4.1.2. Kleine Budgets – alternative Marktforschung

Zusätzlich zu den oben erwähnten Methoden der Marktforschung gibt es noch einige Möglichkeiten, die Ihnen bei der Suche nach zukünftigen Spendern hilfreich sein können:

Jahresberichte
Die Geschäftsberichte anderer Organisationen und Vereine können Ihnen wertvolle Informationen liefern. Hierin finden Sie die Namen von Menschen, die sich für ähnliche Projekte und Ziele engagieren und über die entsprechenden finanziellen Möglichkeiten verfügen. Zusätzlich können Ihnen die veröffentlichten finanziellen Zu- und Abflüsse als Indikator für Ihre Organisation dienen.

Nutzen Sie die aufgeführten Spendeneinnahmen als Richtlinien für Ihre eigenen Spendenanfragen.

Adressen entsprechender Organisationen finden Sie über das Internet oder – ganz altmodisch – im Telefonbuch oder in Ihrer Bücherei. Dort werden häufig die Geschäftsberichte lokaler Organisationen, Vereine und Verbände geführt. Auf Anfrage werden Ihnen die Geschäftsberichte dann auch zugeschickt, oder Sie gehen ganz einfach mal bei der Organisation vorbei und erkundigen sich vor Ort.

Zeitungen

Im Wirtschaftsteil von Zeitungen finden Sie auch Informationen über andere Stiftungen, gemeinnützige Organisationen, Vereine und Verbände. Über besondere Projekte oder Veranstaltungen dieser Organisationen wird hier genauso berichtet wie über wichtige Wechsel im Personalbereich. Auf diesem Wege können Sie einige Hintergrundinformationen erhalten.

Tipp

Regionale und lokale Zeitungen liefern Ihnen vielfältige Informationen über Firmen und Gesellschaften in Ihrer Region. Machen Sie sich Notizen zu allen Fusionen, Kooperationen, vierteljährlichen Berichten, über den Geschäftserfolg und Börsenberichte. Hieraus können Sie den finanziellen Status eines Unternehmens ablesen. Unternehmen mit hohen Zuwachsraten könnten gute potenzielle Sponsoren sein.

Networking

Freunde und Verwandte, ehemalige Arbeitgeber und Kollegen, Nachbarn und Bekannte – einfach alle Kontakte können eine Hilfe für Ihr Projekt werden. Sprechen Sie mit vielen Menschen, finden und pflegen Sie die Kontakte zu Menschen, die mit Ihnen auf einer Wellenlänge liegen und Ihnen Informationen über weitere Interessierte geben können. Beim Aufbau Ihres Netzwerks sollten Sie nicht Ihre beruflichen Kontakte und die finanziellen Berufsgruppen, wie Banker, Versicherungsvertreter und Steuerberater, vernachlässigen. Sie können eventuell Kontakte zu Firmen knüpfen, die daran interessiert sind, regelmässige finanzielle Zuwendungen an Ihre Organisation in Ihren Finanzplan einzubeziehen.

Haben Sie bedacht ...

- Wissen Sie, wer Ihre SpenderInnen sind?
- Können Sie Ihre SpenderInnen in Gruppen einteilen und diese klar definieren?
- Wissen Sie, welche neuen Spendersegmente Sie ansprechen möchten?
- Nehmen Sie mit wichtigen Spendern systematisch Kontakt auf, um Informationen zu generieren?
- Nutzen Sie alternative Methoden der Informationsgewinnung?

4.2. Die Informationen verarbeiten – Statistiken

Statistiken liefern Ihnen ein Abbild aller gespeicherten Daten. Eine Datei mit 100 000 Spendern, die vier Mailings pro Jahr während fünf Jahren erhalten, beinhaltet rund drei Millionen Datensätze. Es ist wichtig, die richtigen Datengruppen aller Datensätze zusammenzufassen und in Tabellenform oder in einer Grafik festzuhalten.

Wir können nur eine bestimmte Anzahl von Zahlen gleichzeitig miteinander vergleichen. Nicht jeder Mensch hat einen ausgeprägten Zahlensinn. Wir neigen eher dazu, Veränderungen in Bildern zu erleben. Um Entscheide zu treffen, müssen die Definitionen der vorgelegten Zahlen oder Grafiken präzis formuliert sein.

Im Fundraising gibt es im Zusammenhang mit der Mittelbeschaffung einige Werte und Kennzahlen, die jedem Fundraiser bekannt sein müssen:

- die Auflage: Anzahl Empfänger eines Spendermailings (Stück);
- der Response: die Anzahl Spenden, die eingegangen sind (Stück);
- die Spendensumme in einer Währungseinheit (Schweizer Franken oder Euro);
- die höchste Einzelspende in einer Währungseinheit, um diese «Ausreisser» zu erkennen;
- der Response in Prozent errechnet sich aus der Division des Responses durch die Auflage mal 100;
- die Spende pro Auflage errechnet sich aus der Spendensumme, geteilt durch die Auflage in einer Währungseinheit; dies ist eine sehr wichtige Kennzahl, kann doch hier über das gesamte Mailing oder über ein Segment der Break-even ermittelt werden;
- die durchschnittliche Spende errechnet sich aus der Spendensumme durch den Response in einer Währungseinheit;
- anstelle der höchsten Einzelspende ist die Angabe der durchschnittlichen mittleren, absoluten Abweichung vom Mittelwert oft auch sinnvoll.

Zusätzlich gibt es eine Vielzahl von weiteren Definitionen. Für ein tieferes Studium dieser Kennzahlen ist die Literatur zu konsultieren.

Tipp Ein Standardmailing in der Auflagengrössenordnung von 100 000 Exemplaren sollte einschliesslich Portokosten in der Regel nicht über Fr. 1.30 zu stehen kommen.

4.2.1. Arten der Statistiken

Abbild der eigenen Spenderdaten (Bilanz/Momentaufnahme)
Zuzeiten wird es notwendig und sinnvoll, einen qualitativen Überblick über die bestehenden SpenderInnen zu erhalten. Dazu eignen sich die aus dem klassischen Direktmarketing bewährten Statistiken RF (Recency, Frequency) und RFM (Monetary -Value). Sie geben Auskunft über das Datum der letzten Spende, über den durchschnittlichen Spendenbetrag und über die Spendenfrequenz eines Spenders. Mit diesen drei Indikatoren lassen sich die reaktionsstärksten Segmente bestimmen. Die RF- und die RFM-Statistiken sollten zweimal, je nach Bewegungen in der Marketingdatenbank viermal, jährlich erstellt werden.

Die RF-Statistik ist zweidimensional und enthält die Anzahl SpenderInnen in der Abhängigkeit der Spendenhäufigkeit und dem letzten Spendendatum.

Die RFM-Statistik ist dreidimensional. Die dritte Dimension (senkrechte Leiste) stellt den durchschnittlichen Spendenbetrag eines Spenders dar. Im ersten Blatt sind alle SpenderInnen enthalten, deren letztes Spendendatum nicht länger als zwölf Monate zurückliegt. Analog existiert ein zweites (13 bis 24 Monate), ein drittes Blatt (25 bis 36 Monate), ein viertes (mehr als 36 Monate) sowie ein Gesamttotalblatt.

Erfolgsstatistiken (Campaignstatistiken)
Von jeder Aktion ist der Erfolg zu messen. Die eigenen SpenderIn-

nen werden gewöhnlich nach den Kriterien aktive, neue und inaktive SpenderInnen strukturiert, wobei die Parameter dazu je nach Ansicht voneinander leicht abweichen können. Weitere interessante Zielgruppen sind die kalten Adressen, die pro eingekaufte Liste zu bewerten sind. Oftmals werden auch Zielgebiete oder Materialvarianten ausgewertet. Diese Resultattabelle enthält im Normalfall den Rücklauf in Stück und in Währungseinheit. Es werden dazu der Response in Prozent, die Durchschnittsspende eines Mailings sowie die durchschnittliche Spendenhöhe ausgewiesen. Oftmals sind das erste Zahlungsdatum und die höchste Einzelspende von Wichtigkeit.

Beim Einsatz einer kalten Liste zeigt die Aktionsstatistik den ersten Einsatzerfolg. Mit dem Vergleich der Responsewerte verschiedener kalter Listen wird ersichtlich, welche Dateien auf dieses spezielle Mailing die besten Werte erreichen. Die Werte sind entscheidend für die Listenauswahl des nächsten Einsatzes und liegen sehr schnell vor. Nach dem ersten Monatswechsel lässt sich die Rangfolge bereits tendenziell bestimmen, nach dem zweiten Monatswechsel nach dem Mailingversand sind die genauen Informationen vorhanden.

Haltbarkeitsstatistiken

Der Ursprung dieser Statistik liegt im Zeitschriftenvertrieb. Das Spendenverhalten einer Adressgruppe über eine bestimmte Zeitperiode wird geprüft. Die Haltbarkeitsstatistik liefert im Gegensatz zur aktionsbezogenen Statistik erst nach drei bis vier Aktionen oder zeitlich gesehen nach rund einem Jahr auswertbare Informationen.

Muster einer Rücklaufstatistik

Mai-Mailing 2003						
Aktion	ZGP	ZGT	Mat.	Beschreibung	Datum 1. Zahlung	Auflage
220055	051	001	51	neue/aktive	21.05.2003	9.185
220055	052	001	61	neue/aktive	21.05.2003	9.185
220055	053	001	71	neue/aktive	21.05.2003	10.150
220055	061	001	51	inaktive d	21.05.2003	10.150
220055	062	001	61	inaktive d	21.05.2003	12.090
				Total Eigene		**50.760**
220056	102	001	52	CH+ Segment 2	21.05.2003	10.000
220056	102	001	62	CH+ Segment 2	21.05.2003	10.000
220056	104	001	52	Swiss C	21.05.2003	15.000
220056	104	001	62	Swiss C	21.05.2003	15.000
220056	105	001	52	CH+ Segment 4	21.05.2003	10.000
220056	105	001	62	CH+ Segment 4	21.05.2003	10.000
220056	106	001	52	Swiss X	21.05.2003	5.000
220056	106	001	62	Swiss X	21.05.2003	5.000
				Total Fremde		**80.000**
				Gesamttotal		**130.760**
				Annahme verweigert		

Die Haltbarkeitsstatistik zeigt, wie die im ersten Basismailing gewonnenen SpenderInnen auf die Folgeaktionen reagierten. Es kann zum Beispiel sein, dass im Akquisitionsmailing die Datei A mit 3 Prozent Response abschnitt und die Datei B nur mit 2 Prozent. Nach einem Jahr stellt man jedoch fest, dass die gewonnen 2 Prozent B durchschnittlich um einen Drittel besser reagierten als die Datei A. Quintessenz ist, dass B wohl zuerst an zweiter Stelle lag, mit der Erkenntnis aus der Haltbarkeitsstatistik jedoch die interessantere Liste ist.

Summe Zahlungen	höchste Einzelspende	Response	Durchschnitt pro Mailing	Durchschnitt pro Spende	Durchschnitt abs. Abw.
88.222	100	23,86	9,61	40,25	13
85.365	120	17,18	9,29	54,10	15
74.555	500	16,33	7,35	44,99	19
31.256	50	6,23	3,08	49,46	4
22.354	55	3,49	1,85	52,97	5
301.752		**12,77**	5,94	46,56	
13.556	1.000	2,47	1,36	54,88	19
4.788	100	1,24	0,48	38,61	13
45.236	120	7,06	3,02	42,72	11
22.633	120	3,76	1,51	40,13	14
6.233	130	1,87	0,62	33,33	13
7.800	100	1,13	0,78	69,03	11
10.169	200	4,76	2,03	42,73	12
3.699	200	3,14	0,74	23,56	9
114.114		3,36	1,43	42,44	
415.866		**7,01**	2,82	46,68	

4.2.2. Statistische Darstellungen

Zahlenmässige Darstellung als Entscheidungshilfe

Wie und in welcher Darstellungsform die Statistiken aufbereitet werden, ist vielfach dem Anwender überlassen. Die abgebildeten Formen der Aktionsstatistiken sind die üblichen. Sie werden im Normalfall im Wochenzyklus erstellt. Da Excel das meistverbreitete Tabellenkalkulationstool, sehr einfach zu handhaben ist und auch komplexe Funktionen enthält, werden die Rohdaten meistens in Excel-Form geliefert. Die wöchentliche Form (ein Kalkulationsblatt pro Woche) ist normalerweise ausreichend, auch für die tendenziellen Hochrechnungen.

Es gibt heute noch Verfechter der täglichen Aktualisierung gegenüber der wöchentlichen. Im klassischen Direktmarketing konnte man noch vor Jahren anhand der täglichen Response-Rate nach fünf Postarbeitstagen den voraussichtlichen Gesamtbestellungseingang sehr genau hochrechnen. Den Response nach fünf Tagen nennt man die Halbwertszeit; er repräsentiert 50 Prozent des gesamten Bestellungseingangs. Das ist mit der heutigen Postdienstleistung von Massensendungen nicht mehr möglich. Die Post garantiert die Zustellung innerhalb von sieben Postarbeitstagen. Wann und wo wie viele Sendungen zugestellt werden, ist nicht bekannt.

Die zweite Ungenauigkeit liegt im Spendenbereich. Die meisten Leute spenden einmal monatlich, nämlich ungefähr vom 22. bis zum 27. jeden Monats. Das ist ein Grund, weshalb man die Postaufgabe von Mailings so planen sollte, dass sie möglichst zu diesem Zeitpunkt bei den potenziellen SpenderInnen eintreffen. Später eintreffende Sendungen landen oft im Papierkorb.

Aussagekräftige Angaben von Mailingresponsewerten erhält man jeweils ungefähr am 5. des Monats, wenn die Zahlungen überwiesen und verarbeitet sind. Tägliche Verarbeitungen sind nicht zu empfehlen und verteuern den Ablauf. Es gibt ungefähre Richtwerte: Im Normalfall sind nach dem ersten Monatswechsel 60 bis 70 Prozent der Spenden eingegangen. Nach dem zweiten Monatswechsel liegen wir bei 90 bis 95 Prozent.

Komprimierte grafische Darstellungen für Präsentationen

Eine zahlenmässige Darstellungsform überfordert viele, die nicht tagtäglich mit Zahlen zu tun haben. Sinnvolle grafische Darstellungsformen erleichtern die Übersicht wesentlich. Auch hier ist Excel ein gut einsetzbares Instrument.

Bei grafischen Darstellungsformen ist Folgendes zu beachten. Eine Zeichnung sollte nie mit zu viel Grafik überladen werden. Einfache Darstellungen, zum Beispiel Balkendiagramme, Strichdiagramme, Kreisdiagramme, sind in der Regel gut geeignet. Man sollte vorsichtig mit den Farben umgehen. Empfehlenswert ist, wenn die Farben selbst auch etwas aussagen, zum Beispiel braun für ein Herbstmailing oder weiss für ein Mailing im Winter. Ausserdem sollten Diagramme keine Zahlenberge enthalten, denn diese wollen wir ja gerade ausschalten.

Darstellungsformen wie die folgende eignen sich auch für Präsentationen mittels Beamer oder Folien an Vorstandsitzungen. Achten Sie jedoch darauf, dass die Beschriftungen klar und leserlich sind und nicht mehr als sechs mal vier Kegel gleichzeitig dargestellt werden.

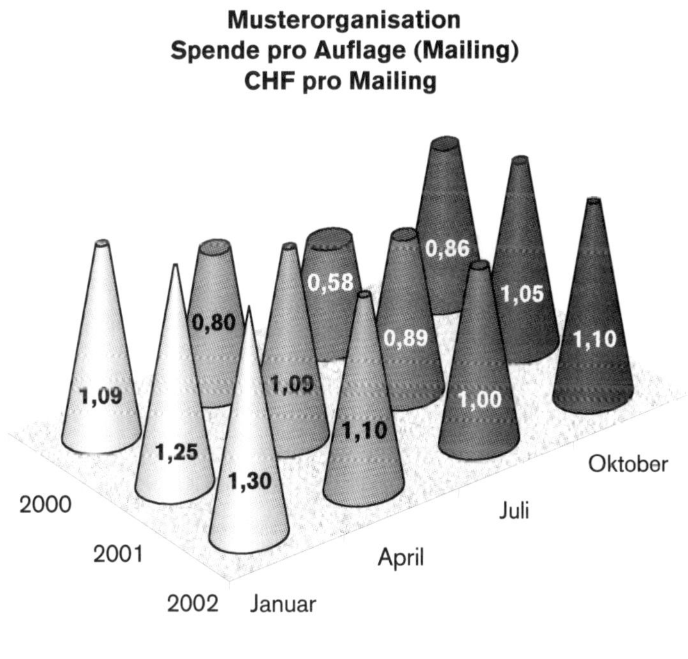

Viele Auswertungen, vor allem demografische Daten, lassen sich leicht geografisch darstellen. Es gibt heute einfach zu handhabende Programme, mit denen sich Werte gebietsmässig auf einer Karte darstellen lassen. Solche Grafiken helfen, gewisse Kennzahlen auf Gebietsebenen landesweit, sei es über Kantone/Bundesländer, Bezirke oder gar auf Postleitzahlenebene, darzustellen.

4.3. Die Qualität der Adresse – Entscheidung über Hit oder Flop

4.3.1. Ist die Adresse wichtig?

Wenn Mailings nicht die prognostizierten Resultate liefern, taucht immer erst die Frage nach dem Warum auf. An erster Stelle wird nach einem Fehler in der operationellen Abwicklung gefragt. Als Zweites ist die Frage nach der Qualität der eingesetzten Adressen ein Thema. Erst dann kommen Fragen nach der Gestaltung des Mailings, nach den äusseren Einflüssen wie Postaufgabetermin, Wetterverhältnisse, Katastrophen, die das Spendenverhalten stark beeinflussen können, oder Mitbewerbern, die zum gleichen Zeitpunkt sammeln.

Was sind nun effektiv die Faktoren, die den Erfolg eines Mailings beeinflussen? Einer der ersten Direktmarketing-Gurus, Ed Mayer jun., definierte das Direktmarketing schon vor fünfzig Jahren als ein «What»-Medium und nicht als ein «Why»-Medium. Wenn wir ein Spendenmailing versenden und zehn Prozent Response erhalten, dann wissen wir, was geschah! Wir wissen jedoch nicht, wieso es geschah! Seine Theorie, die auch heute noch Gültigkeit hat, basiert auf drei Pfeilern:

- Die Adresse ist das wichtigste Element eines Mailings. 60 Prozent des Erfolges hängen vom richtigen Einsatz der Adresse ab.
- Das Angebot oder, auf die NPO adaptiert, die Botschaft bestimmen zu 25 Prozent den Erfolg.
- Der kreative Auftritt trägt 15 Prozent zum Erfolg bei.

Die Adresse beeinflusst den Erfolg einer Spendensammlung also erheblich. Deshalb lohnt es sich auch, diesem Teil eine besondere Bedeutung beizumessen.

4.3.2. Der Adresskörper

Der Adresskörper beinhaltet alle Informationen, die notwendig sind, um eine Sendung so zu adressieren, dass sie mit einem minimalen Portobetrag dem Adressaten zugestellt werden kann. Des Weiteren ist die richtige Ansprache von Bedeutung, denn der eigene Name und die gewohnte Anrede mit Titel beeinflussen den Erfolg eines Mailings. Weiter ist zu beachten, dass Adressen pro Haushalt nicht mehrfach im Bestand vorhanden sind. Das ist bei den heutigen, verschiedensten Wohnformen nicht immer einfach. Frühere Familienstrukturen bestanden im Normalfall aus dem gleichen Nachnamen (Name des Mannes) und dem Zunamen (Mädchenname); dazwischen ein Bindestrich. Seit einigen Jahren ist es rechtlich zugelassen, dass die Ehepartnerin ihren Mädchennamen beibehält. Bei offenen Wohngemeinschaften schlussendlich ist es dann fast unmöglich, die verschiedenen Mitglieder im Haushalt zusammenzufassen.

Für die Speicherung der Daten ist es sinnvoll, in der Datenbank für jedes Element ein eigenes Feld zu generieren. Die wichtigsten Felder eines Adresskörpers für Privatadressen sind: Name, Zweitname, Vorname, Strasse, Hausnummer, Postfach, Postfachpostleitzahl, Postfachort, Domizilpostleitzahl, Domizilort, Titel, Anrede, Sprache.

4.3.3. Die Historiedaten

Um innerhalb der eigenen Spenderdaten zielgruppenorientiert selektieren zu können, sollten neben dem Adresskörper ebenfalls die Geschäftsbeziehungen des Spenders bekannt sein. Während man noch vor einigen Jahren aus Kapazitätsgründen nur zusammengefasste Informationen gespeichert hat, lässt die heutige Technik zu, jede Detailbewegung zu kennen.

Interne Historiedaten

Das Festhalten jeder einzelnen Spende führt zu den wichtigsten internen Informationen. Dazu gehören Spendendatum, Aktion mit Zielgruppe und Zielgebiet, Spendenhöhe und Spendenart. Als weitere Information ist zu speichern, welche Adressen welches Mailing erhalten haben. Mit diesen Infos erhält der Kundendienst einerseits wichtige Informationen bei der Beantwortung von telefonischen oder schriftlichen Anfragen, anderseits lassen sich diese Infos leicht für Statistikzwecke aggregieren. Zusätzlich bilden sie die Basis für die optimale Zielgruppenbestimmung bei der Realisierung einer Spendenaktion. Im Weiteren sind Daten über Rücksendungen des Mailings von Adressaten, aus welchem Grunde auch immer, ebenfalls festzuhalten. Es ist zum Beispiel wichtig zu wissen, ob und weshalb ein Adressat die Annahme eines Mailings verweigert.

Externe Historiedaten

Externe Historiedaten sind Merkmale, die aus externen Quellen einer Spenderadresse zugeordnet werden können. Es handelt sich um

Informationen, die Sie vom statistischen Amt eines Landes erhalten können. Weitere Quellen sind Informationen auf der Ebene von politisch geografischen Gebieten, wie Kantonen, Bundesländern, Bezirken, Gemeinden. Diese Informationen sind nur grob strukturiert. Wenn beispielsweise eine Gemeinde vorwiegend konfessionell evangelisch orientiert ist, heisst es noch lange nicht, dass alle Einwohner bzw. alle SpenderInnen, die in dieser Gemeinde wohnen, evangelisch sind.

Auf Adressen spezialisierte Dienstleistungsunternehmungen bieten Zellinformationen an. Eine Zelle ist die kleinste raumtypologische Einheit, das heisst zirka sechzig bis hundert Haushalte. Im Sinne eines «Neighbourhood-Effektes» ist erwiesen, dass die Bewohner einer solchen Zelle ähnlich wohnen, ähnlich leben und ähnliche Interessen haben. Typische Zellenmerkmale sind: Alter der Wohngebäude, Gebäudeart, Besitzverhältnisse, Kaufkraftklasse, Postkäufer.

Neben diesen geodatenorientierten Merkmalen bestehen auch haushalts- oder personenbezogene Qualitätsmerkmale. Beispiele dafür sind Kaufkraftklasse, Bruttojahreseinkommen, Vermögen, Altersklasse, Fahrzeugklasse und so weiter. Solche Daten sind von den Konsumenten eher selten erhältlich. Es handelt sich hier vor allem um statistisch ermittelte Werte. Man kann eine Person zum Beispiel auf Grund ihres Vornamens, ihres Wohnortes und der Berufsbezeichnung mit einer bestimmten Wahrscheinlichkeit einer Altersgruppe zuordnen. Die Praxis hat gezeigt, dass solche weichen Qualitätsmerkmale eine grosse Treffsicherheit aufweisen.

Die externen Historiedaten werden hauptsächlich verwendet, um die soziodemografischen Strukturen in einem Spenderstamm zu bestimmen. Damit wird das Idealprofil erstellt. Ebenso werden für die Akquisition neuer SpenderInnen die optimalen, kalten Listen definiert. Diese Auswertungen werden unter dem Namen

Spenderstamm-Analysen von diversen Direktmarketingdienstleistern angeboten.

4.3.4. Adressgruppen

Eigene Adressen

Die eigenen Spenderadressen mit den möglichst weit zurückliegenden eigenen Historiedaten sind für die Mittelbeschaffung das wertvollste Kapital einer Organisation. Nicht nur, um auf einer tiefen Basis der Spenderpyramide zu agieren, sondern um durch geeignetes Upgrading SpenderInnen zu *High Donors* zu machen und um möglichst früh potenzielle GrossspenderInnen zu entdecken.

Die Qualität der eigenen Spenderadressen lässt sich durch die RF- oder RFM-Statistik schnell beurteilen. Die Anzahl Spenderadressen einer Datei sagt nichts über die Qualität eines Spenderbestandes aus. Ein Spenderbestand mit 30 000 Adressen kann bessere Resultate erwirtschaften als einer mit 100 000. Erst durch die Angabe der Anzahl der aktiven, inaktiven und gesperrten Adressen lässt sich ein Spenderbestand einigermassen qualifizieren.

Die Definition für aktive Adressen lautet: SpenderInnen, die in den letzten zwölf Monaten gespendet haben und gesamthaft mehr als eine Spende tätigten. Inaktive Adressen: SpenderInnen, deren letzte Spende mehr als zwölf Monate zurückliegt.

Als weitere Kennzahl ist der durchschnittliche Betrag einer Spende massgebend. Die Sperradressen sollte man aus verschiedenen Gründen im Bestand belassen. Die Responsewerte von bestimmten Sperrcodes können nach einer längeren Liegezeit erstaunliche Ergebnisse liefern. Es ist auch wesentlich, dass durch den für den Kaltlisteneinsatz notwendigen Adressenabgleich unerwünschte Adressaten ausgeschlossen werden.

Fremde (kalte) Adressen

Wir unterscheiden zwei Arten von Fremdlisten:

- *Fremdlisten aus einem Länderbestand:* In der Schweiz stehen 5,2 Millionen Adressen im Zugriff. Jeder Adresse sind rund vierzig Merkmale, wie Altersstruktur, Wohneigenschaften, Einkommensverhältnisse und so weiter, zugeordnet. Durch die Spenderstamm-Analysen lässt sich zum Beispiel feststellen, welche Altersgruppen, welche Wohneigenschaften und welche Einkommensverhältnisse im Vergleich zum Universum, also zur Gesamtzahl der Adressen, vorherrschen. Mit diesem Idealprofil lassen sich anschliessend die besten Adressen aus dem Universum herausselektieren.
- *Fremdliste des Listbrokers:* Der Listbroker ist, wie der Name andeutet, ein Vermittler zwischen dem Adressenbesitzer und der NPO. Diese Broker besitzen einen Katalog mit Adressdateien, bei denen neben dem Mengengerüst auch Erklarungen abgegeben werden, woher die Datei stammt und für welche Zwecke sie empfohlen wird. Beispielsweise kann es sinnvoll sein, die Abonnenten einer Tierzeitschrift für ein Projekt eines Zoos einzusetzen.

Normalerweise werden kalte Adressen nicht gekauft, sondern für einen einmaligen Einsatz zugemietet. Alle Adressen, welche reagieren, gehen ins Eigentum der NPO über. Man kann heute davon ausgehen, dass ein Ersteinsatz einer Fremdadressdatei im Normalfall die Kosten deckt. Ein professionelles Follow-up kann die gewonnene Adresse vielfach zu einem treuen, rentablen Spender werden lassen.

4.3.5. Adress- und Historiepflege

Wie konnte das nur passieren?
Hier die Abschrift einer Beschwerde, wie es sie wirklich gab: «Sehr geehrte Damen und Herren, mein Vater ist seit zwölf Jahren tot. Ich finde es pietätlos, wenn Sie an die Adresse meines verstorbenen Vaters laufend Ihre Bettelbriefe schreiben. Bitte streichen Sie diese Adresse unverzüglich aus Ihrer Kartei ...»

Die Abklärungen in diesem Beispiel ergaben, dass der Datenbestand sauber gepflegt worden war und sich kein gravierender Selektionsfehler eingeschlichen hattte. Dennoch gibt es immer wieder solche Fälle.

Der Vater der schreibenden Dame war wirklich vor Jahren gestorben. Die Witwe aber liess die Adresse nie ändern und spendete von Zeit zu Zeit auf Grund der erhaltenen Mailings. Nach Jahren musste sie nun ins Altersheim, und der Tochter kamen beim Aufräumen der Wohnung diese Mailings in die Hände. Aus ihrer Sicht ist die Reklamation völlig gerechtfertigt. Dies zeigt, dass auch eine äusserst gut gepflegte Marketingdatenbank ein Auslöser für die verschiedensten Reklamationen sein kann.

Die hier folgend verwendeten Begriffe beziehen sich auf die postalischen Verhältnisse in der Schweiz. Die Abläufe in Deutschland und Österreich sind mit Abstrichen ähnlich.

Adressänderungen (Umzug)
Umzugsmeldungen können auf einem Datenbestand fortgeschrieben werden, wenn der Spender sich direkt bei der NPO meldet oder der Poststelle die neue Anschrift bekannt gibt. Ersteres kommt im NPO-Bereich eher selten vor. Im zweiten Falle gibt es technisch zwei Möglichkeiten: In der Schweiz hat die NPO die Möglichkeit,

der Post durch einen Postvermerk auf dem Mailing den Hinweis zu geben, dass das Mailing an eine neue Adresse weitergeleitet werden kann und dass die Umzugsmeldung der NPO in Papierform gemeldet werden soll. Beim automatischen Verfahren wird der NPO monatlich ein Datenträger mit allen Umzugsdaten zur Verfügung gestellt. Je nach Grösse und Periodizität der Mailings ist das eine oder das andere Verfahren sinnvoll einsetzbar.

Löschungen

Löschungen können Informationen von der Post sein. Der Mailingempfänger kann jedoch auch übers Telefon oder den Korrespondenzweg eine umgehende Löschung beantragen. Die Art des Löschungsbegehrens wird festgehalten. Im ersten Falle wird die Adresse als provisorische Löschung gekennzeichnet. Beim nächsten Versand wird die Adresse wieder angeschrieben. Erst die zweite Meldung bewirkt eine definitive Löschungskennzeichnung. Der Grund liegt darin, dass bei der Post bei Massensendungen oftmals versehentlich zustellbare Sendungen retourniert werden. Im zweiten Falle wird die definitive Löschung umgehend vorgenommen, da es der Mailingempfänger ja ausdrücklich wünscht.

Annahme verweigert/Refusé

Jeder Empfänger kann die Annahme von adressierten Sendungen verweigern, in dem er auf den Sendungen einen entsprechenden Vermerk anbringt. Der in der Schweiz gebräuchliche Ausdruck für «Rücksendung an den Aufgabeort» heisst«refusé».

Wie sollen solche Rücksendungen in der Marketingdatenbank bearbeitet werden? Was kosten Refusé-Sendungen?

In den Postvorschriften der Schweizer Briefpost steht: «Wenn eine Sendung vom Empfänger zurückgewiesen wird, erfolgt die Rücksendung zu dem für Einzelsendungen geltenden Preis. Nicht frankierte Rücksendungen sind von der Spendenorganisation zu bezahlen, sie erhalten keinen Zuschlag. Für die unfrankierten Rücksendungen (B-Postsendungen) gilt der Grundpreis.» Was heisst das für die Sendungen?

- *Refusé mit dem Postkleber* sind Rücksendungen, auf deren Umschlag lediglich der Kleber «Annahme verweigert» angebracht ist. Hier haben wir keine Bestätigung des Empfängers, dass der Brief überhaupt verteilt wurde. Solche Sendungen gehören direkt in den Papierkorb. Das bezahlte Rückporto kann zurückverlangt werden. Dieser Aufwand ist meist teurer als das zurückerstattete Porto.
- *Refusé, vom Empfänger unfrankiert zurückgesandt:* Diesen Fall erkennt man, wenn auf dem Umschlag der handschriftliche Vermerk «retour» steht. In vielen Fällen wird diese Bemerkung durch die Post mit dem bekannten Refusé-Kleber ergänzt. Eine solche Rücksendung heisst noch lange nicht, dass der Empfänger von der Organisation keine Post mehr wünscht. Es können ja zufälligerweise einmal nicht die eher spendenfreudigen Damen, sondern andere Familienmitglieder den Briefkasten leeren und den Spendenaufruf spontan refusieren. Ein weiterer Grund des Refusierens ist die Verwechslung mit einer anderen Organisation. Auch kurze, momentane Stimmungen, ein überfüllter Briefkasten und so weiter, beeinflussen das Refusieren. Solche Erstrefusierer kann man nach rund vier Monaten wieder erfolgreich anschreiben. Bei den Mehrfachrefusierern gibt es verschiedene Wege für die weitere Betreuung. Es lohnt sich vielfach, mit guter Zahlungshistorie persönlich nach den Motiven zu fragen. Deshalb sind alle Refusierer auf der Marketingdatenbank zu erfassen.
- *Refusé, vom Empfänger frankiert zurückgesandt:* Es gibt diverse Gründe fürs frankierte Refusieren. Der wahrscheinlichste

und der naheliegendste ist, dass sich solche Menschen bewusst sind, dass der Organisation Kosten entstehen. Es sind Leute, die die Zugabe, ob Kärtchen mit Couverts, Post-it-Notes oder Teebeutel, zur Weiterverwendung zurücksenden. Es kann sich somit ohne weiteres um treue SpenderInnen handeln, die diese Zugabe jedoch momentan nicht wünschen. Es gibt SpenderInnen, welche eine Spende in Reaktion auf das aktuelle Mailing überweisen und die Beigabe frankiert zurücksenden. Das bestätigt uns, die Refusés in der Marketingdatenbank zu markieren. Zusammen mit den Spenderinfos können solche SpenderInnen gezielt wieder angeschrieben werden.

4.3.6. Spendenverbuchung

Die hier geschilderten Abläufe beziehen sich auf die Schweiz; das Zahlungswesen in Deutschland und in Österreich ist anders organisiert.

Non-Profit-Organisationen können in der Schweiz für die Mittelbeschaffung zwei Einzahlungsvarianten anwenden. Den früher blauen, heute orangen Einzahlungsschein ESR bzw. ESR+ sowie den roten Einzahlungsschein ES. Neben der Ansicht über das differenzierte Spendenverhalten bei Rot oder Orange sind auch die verarbeitungstechnischen- und kostenmässigen Abläufe zu beachten.

Der orange ESR bzw. ESR+

Diese Abläufe sind vorzuziehen, wenn grosse Mengen an Spenden zu erwarten sind. Sie können aber nur verwendet werden, wenn der Spender beim Versand namentlich bekannt ist und die Rechnung somit adressiert zugestellt wird. Dieses Verfahren eignet sich für Mailings, bei denen die Responseauswertung sehr schnell erfolgen soll, damit auf Grund der Resultate für den nächsten Versand Entscheidungen getroffen werden können. Ein kleiner Nachteil dieser Zahlungsart ist, dass der Spender keine Mitteilungen anbringen kann.

Hingegen ist das Verfahren sehr schnell, da die optische Lesezeile (unten rechts im weissen Feld) von der Post oder der Bank schnell aufgenommen wird. Diese Informationen werden mit dem Betrag ergänzt (sofern ESR+) und periodisch, meist wöchentlich, auf Wunsch auch täglich, dem EDV-Betrieb der NPO zur Verfügung gestellt. Das Rechenzentrum der NPO hat keine Datenerfassungsleistung zu erbringen und kann diese Spenden über ein Nummernsystem direkt der gespeicherten Spenderadresse zuordnen. Es ist das rationellste und günstigste Verbuchungsverfahren.

Der unadressierte, rote Einzahlungsschein der Post (ES)
NPOs benutzen oft den Weg der unadressierten Verteilung, oder sie bestücken Periodika mit Beilagen. Da es sich dabei meist um Spendenaufrufe handelt, wird der rote ES der Post beigelegt. Auch hier erwartet die Organisation grosse Mengen an Einzahlungen zur selben Zeit. Professionelles Vorgehen verlangt auch die Kenntnis des Responses pro Periodikum oder pro Streuwurf. Um optimales Spendenmarketing betreiben zu können, ist es unerlässlich, die eingehenden Spenden einem Spender zuordnen zu können. Mit dem Verfahren der roten ES ist dies, wie auch die Zuordnung der Spende zu einem Spendenaufruf, nicht einfach. Viele SpenderInnen füllen das Adressfeld unleserlich, unvollständig, falsch oder gar nicht aus. Eine Erfassung ist somit nur teilweise möglich. Es können Dubletten entstehen, und viele Spenden müssen als anonym verbucht werden. Bei Einzahlungen über die Bank muss der Einzahler nicht unbedingt dem Kontoinhaber entsprechen (Familienmitglieder!).

Da die Erfassung sehr aufwändig ist, ist neben den zu langen Erfassungszeiträumen und Ungenauigkeiten mit wesentlich höheren Kosten zu rechnen. Man umgeht dieses Problem, indem man mit ESR und ESR+ arbeitet. Wenn dies nicht machbar ist, das heisst, wenn unpersonalisiert verteilt werden muss, sollte pro Aktion ein eigenes Postkonto eröffnet werden. Auf diese Weise kann stück- und frankenmässig klar abgegrenzt werden. Vereine und Stiftungen haben die Möglichkeit, mit so genannten (namentlich gekennzeichneten) Sonderkonten mehrere Konten nebeneinander zu unterhalten.

4.3.7. Adressaufbereitung für Mailings

Die Marketingdatenbank ist integraler Bestandteil des Direktmarketingkreislaufes. Der Export für die personifizierte Mailingaufbereitung ist die wichtigste Schnittstelle im Programm. Die Exportdatei sollte alle variablen Daten eines Mailings, bzw. die variablen Daten jedes Adressaten, beinhalten. Es sind dies im Besonderen die vollständigen Adressinformationen inklusive Adressanredezeile, die Briefanredezeile sowie alle Informationen über die entsprechenden Aktionsnummern, Zielgruppen, Zielgebiete, Sprach- und Materialvarianten. Eine wichtige Information ist die Kundennummer. Dies sind Informationen, die für die Responseverarbeitung wichtig sind. Nur so lässt sich der Direktmarketingkreislauf schliessen. Beim Spendeneingang ermöglicht beispielsweise das Vorhandensein der Kundennummer die Spender- zuordnung.

Von den exportierten Daten bis zum postfertigen Mailing ist es ein weiter Weg. Präzise Planung, laufende Kontrollen und genaue Termineinhaltung sind sehr wichtig. Kleine Mailings (10 000 bis 15 000 Stück) lassen sich vielfach über einen einfachen Einzelblattlaserdruck abwickeln und somit auch *in house* produzieren. Es ist natürlich Bedingung, dass ein Einzelblattlaserdrucker mit einer Kapazität von zirka zwanzig bis vierzig A4-Seiten pro Minute zur Verfügung steht und dass NPO-Mitarbeiter einsetzbar sind, die im Bereich Seriendruck gut ausgebildet sind. Ansonsten ist es besser, auch die kleinen Auflagen durch einen Dienstleister erstellen zu lassen. Bei grösseren Auflagen wird der rationelle und schnelle Endloslaserdruck günstiger. Auch die Weiterverarbeitung erfolgt dann im industriell betriebenen Lettershop.

Abschliessend soll nochmals die Bedeutung einer Adresse für das Direktmarketing betont werden. Bei der Arbeit mit Adressen ist auf Details zu achten, denn kleine Fehler in der Adressaufbereitung haben oft grosse, unangenehme Folgen. So erhöht eine nicht optimale Postvorsortierung die Portokosten stark. Auch wird die Nichtberücksichtigung von variablen Daten beim Export oft zu spät bemerkt. Das bewirkt eine Wiederholung des Selektionsvorganges und damit vielfach eine starke terminliche Verzögerung. Terminverzögerungen können beim Versenden von Spendenmailings einen fatalen Spendeneinbruch bewirken.

5. Direct Mail – Briefe an die SpenderInnen

5.1. Post – wichtigster Bestandteil des Fundraising-Programms

Briefe an die SpenderInnen – das sollte das vorherige Kapitel bewiesen haben – bilden den Schlüssel für erfolgreiches Fundraising. Sie werden heute Spendenmailings oder kurz nur Mailings genannt, deren Einnahmen man ziemlich genau vorhersagen kann: Auf diesem Weg holen die meisten Organisationen etwa 80 Prozent ihrer Einnahmen herein. Deshalb dreht sich alles um die regelmässig versandten Mailings.

Von allen Fundraising-Spezialisten sind deshalb auch die Mailing-Spezialisten die gesuchtesten, denn der Erfolg des Mailing-Programms entscheidet häufig über das Wohlergehen der Organisation. Dies trifft sowohl für die kleine Organisation mit tausend Adressen als auch für die grosse NPO mit mehr als einer halben Millionen Namen in der Datenbank zu.

Auf den folgenden Seiten finden Sie Hinweise für das Texten und Gestalten von Mailings, aber lassen Sie es uns ganz klar festhalten: *Das ideale Mailing existiert nicht.* Jedes Mailing muss wieder neu und individuell auf die Jahreszeit, das Anliegen und den Empfänger ausgerichtet sein.

Alle professionellen Fundraiser versuchen seit Jahren, sich dem idealen Mailing anzunähern, um dann festzustellen, dass die Zeiten sich ändern und das Mailing, das gestern dem «Ideal» am nächsten kam, heute nicht mehr so erfolgreich ist. Wenn Sie jedoch neu in dieser Disziplin sind, ist es wichtig, am Anfang bewährte Regeln zu befolgen, um Misserfolge so weit wie möglich auszuschalten. Hat man erst einmal Erfahrungen gesammelt, so erhält man ein Gefühl dafür, welche Regeln man befolgen und welche man brechen kann.

5.2. Bestandteile eines Mailings – Details sind wichtig

5.2.1 Die Adresse – spendenwilliger Empfänger?

Zu einem Mailing gehört zuerst die Adresse. Sie bestimmt bei einem kalten oder Akquisitionsmailing mindestens 70 Prozent des Erfolges. Nur wer seinen Brief an Empfänger sendet, die eine Spende in Betracht ziehen könnten, hat Aussicht auf Erfolg. Das beste Mailing nützt nichts, wenn es an Menschen geht, die nicht spenden können oder wollen. Hingegen bringt das schlechteste Mailing aber wenigstens bescheidene Erfolge, wenn es an spendenfreudige Empfänger geht.

Geht das Mailing an Menschen, die der eigenen Organisation bereits eine Spende geleistet haben (ist es also ein «warmes» Mailing), kehrt sich die Gewichtung um. Das bedeutet, dass eine Adresse aus einer vorherigen Spende bekannt ist. In jeder Adresskartei gibt es eifrige und aktuelle, also gute SpenderInnen und weniger gute. Insgesamt macht die Adresse bei einem warmen Mailing jedoch nur noch etwa 30 Prozent des Erfolges aus. Inhalte sind wichtig!

5.2.2. Der Briefumschlag – wichtiger Türöffner

Für die Wichtigkeit der Adresse beim Erfolg eines Mailings gibt es Prozentzahlen. Wie aber bewertet man die prozentuale Bedeutung eines Umschlages für den Erfolg? Es gibt eine simple Regel: Das beste Mailing nutzt nichts, wenn der Umschlag nicht geöffnet wird.

Für seine Gestaltung gibt es keine unbedingten Vorgaben. In der Vergangenheit bevorzugten viele Organisationen das graue Umweltpapier mit dem Adressdruck in einer Farbe. Diese Zeit ist jedoch vorbei, und heute herrschen zwei Extreme vor:

Eines ist das einfache, unbedruckte Couvert, das kaum erkennen lässt, von wem es kommt. Es gibt inzwischen derart viele Spenden-Mailings, dass es oft besser ist, sich nicht auf den ersten Blick zu erkennen zu geben. So wird die erste Wegwerfwelle überwunden, und der Empfänger öffnet den Umschlag und sieht sich den Inhalt Ihres Mailings an. So kann es zu negativen Reaktionen der Empfänger kommen, die sich getäuscht fühlen.

Tipp

Oft ist es besser, die Corporate Identity, den immer gleichen Auftritt bei der Umschlaggestaltung, zu vergessen und die SpenderInnen zu überraschen.

Der zweite Weg ist ein Couvert, das klar zu erkennen gibt, von wem es stammt. Es gibt viele Organisationen, die sich nicht «hereinschleichen» wollen, sondern klar zu ihrem Auftritt stehen.

Nur Tests können beweisen, welches Vorgehen erfolgreicher ist. Häufig bietet sich ein Abwechseln im Lauf des Jahres an. Immer den gleichen visuellen Auftritt zu haben, ist nicht unbedingt wünschenswert, besonders wenn man oft Mailings verschickt.

Entschliesst man sich für einen offenen Auftritt, bei dem der Name der Organisation klar erkennbar ist, gibt es unendliche Gestaltungsmöglichkeiten.

Tipp

Sammeln Sie, was Sie in der Post finden. Fragen Sie sich, wie Sie auf vierfarbige, werblich gestaltete Couverts reagieren. Wie auf Schreckensbilder von Krieg und hungernden Menschen oder im Gegenteil auf lächelnde Kinder? Nehmen Sie sich aber nicht selbst als das Mass aller Dinge. Wie werden Ihre potenziellen SpenderInnen auf die Entwürfe reagieren? Kennen Sie Menschen, die schon spenden oder die Ihrem Spenderprofil entsprechen? Ihnen sollten Sie die Entwürfe zeigen.

Vergessen Sie dabei nicht, dass der Brief Ihrer NPO nicht der einzige im Briefkasten sein wird. Er sollte neben Werbesendungen, Gratiszeitungen und so weiter bestehen können.

Das Format des Umschlages kann variieren, zwischen C6 und C6/5. Unserer Erfahrung nach sollte man Übergrössen oder ausgefallene Formate vermeiden. Die Mehrkosten bei der Produktion rechnen sich selten.

Das Wichtigste zuletzt: Wenn Sie einen ausgefallenen oder extrem farbigen Umschlag einsetzen wollen, müssen Sie vorher das Einverständnis der Post einholen. Maschinelle Verarbeitung ist ein absolutes «must».

5.2.3. Der Brief – Herzstück des Mailings

Der Inhalt

Die erste Hürde ist überwunden, der potenzielle Spender hat den Umschlag geöffnet. Meist geht sein erster Griff nun zum Brief. Der Brief ist das Herzstück Ihres Versandes, nicht der Prospekt, weder der Einzahlungsschein (obwohl dieser der wichtigste Bestandteil des Mailings ist) noch das Geschenk.

Der Brief muss einen persönlichen, privaten Eindruck machen – er ist eine Kommunikation von einem Menschen zum andern, vom

Absender, der etwas will, zum Empfänger, der etwas geben soll. Vergessen Sie diese Relation nicht, denn Sie erbitten etwas von anderen Menschen. Bedenken Sie: Ihre Briefe sind in den meisten Fällen unerwünscht, Bettelbriefe, die von vielen in die Nähe von *junk mails* gerückt werden. Bei kalten Mailings gilt es heute als Erfolg, wenn fünf Prozent der Empfänger zahlen. 95 Prozent der Menschen sind an Ihrem Anliegen also nicht interessiert.

Auch wenn Sie von Ihrem Anliegen absolut überzeugt sind, haben Sie nur einen extrem kurzen Zeitraum, den Briefempfänger ebenfalls zu überzeugen. Sie sind der Bittsteller, der Empfänger entscheidet. Diese harte Wahrheit muss ein Fundraiser immer vor Augen haben (ohne sich davon lähmen zu lassen).

Die folgenden elf Regeln haben sich bewährt. Wenn Sie also noch neu in diesem Bereich sind, halten Sie sich besser daran. Erst wenn Sie einige Erfahrung auf dem Buckel haben, können Sie sich darüber hinwegsetzen.

Die elf goldenen Regeln für einen überzeugenden Brief:

1. Emotion vor Information.
2. Anekdoten und Beispiele sind wichtiger als Zahlen und Fakten.
3. Die «Ich»-Form ist erfolgreicher als die «Wir»-Form (auch wenn dies dem heutigen Team-Gedanken nicht entspricht. Es geht hier um die Kommunikation von einem Menschen zu einem anderen).
4. Haben Sie immer die LeserInnen vor Augen. Schreiben Sie empfängerorientiert, nicht absenderorientiert.
5. Verwenden Sie wenig Hilfsverben; bilden Sie Sätze mit Verben.
6. Kurze Sätze, kurze Wörter, kurze Paragrafen.
7. Bringen Sie den Leser zum Innehalten. Fragen Sie etwas.
8. Lockern Sie den Brief visuell auf. Unterstreichen Sie, markieren Sie, machen Sie handschriftliche Einschübe. Übertreiben Sie aber nicht, wahren Sie den Briefcharakter.

9. Schaffen Sie einen leichten Leseeinstieg, und führen Sie den Leser visuell durch den Brief.
10. Vergessen Sie das PS mit dem wichtigsten Gedanken nicht.
11. Danken Sie dem Spender von Herzen – ohne ihn können Sie Ihren Auftrag nicht erfüllen.

Die Brieflänge

Dies ist eine der am häufigsten gestellten Fragen, und die Antwort ist sehr einfach: Jeder Brief muss so lang sein, wie es notwendig ist, den Spender zu überzeugen.

Jahrelang war in den Vereinigten Staaten, dem Land, in dem das Direct-Mail-Fundraising «geboren» wurde, der vierseitige Brief die Norm. Bei uns hat sich Vorder-/Rückseite als normale Brieflänge herausgebildet. Es ist extrem schwierig, mehrmals im Jahr vierseitige Briefe zu schreiben – und die Aufmerksamkeit des Lesers so lange zu fesseln.

Vierseitige Briefe sind gut, wenn Sie sich an überzeugte SpenderInnen wenden, die wirklich detailliert informiert werden wollen.

Der einseitige Brief wird oft für kalte Mailings verwendet. Er übernimmt die emotionale Ansprache – insbesondere, wenn noch eine Broschüre oder ein Faltblatt zur Information beiliegt.

Die Unterschrift, das Foto

Die Unterschrift hat grosse Bedeutung für ein Mailing. Und es gibt einige Punkte zu beachten:

- Wichtig ist, dass es nur eine ist – niemals zwei (Kommunikation von einem Menschen zu einem andern).
- Ausserdem sollte die Unterschrift blau sein. Dies ist ein archetypisches Bild, das wir vor Augen haben – Menschen unterschreiben mit blauer Tinte.

- Die Unterschrift sollte sorgfältig wirken, nicht flüchtig, und sie sollte, wenn immer möglich, lesbar sein. Man sollte zumindest ahnen können, ob der Unterzeichner Müller oder Meier heisst.
- Zudem sollte sie Charakter haben, also nicht in «Schulkind-Schrift» geschrieben sein. Und sie muss solide, verlässlich wirken, nicht spindeldürr und wacklig. Sie können beim Spender ja nur durch Ihren Text und die Unterschrift Vertrauen bilden.
- Unter der Unterschrift sollte der Name noch einmal gedruckt stehen. Mit Titel, wenn es sich um eine wichtige Persönlichkeit handelt – aber nie darf es ein Titel sein, der Fundraising oder Kommunikation beinhaltet. Der Spender will mit den Menschen Kontakt haben, die direkt helfen, die die Welt verändern – aber nicht mit jemanden, der «nur» Geld beschafft.

Auch ein Foto des Absenders kann eine vertrauensbildende Massnahme sein, wobei hier zur Vorsicht zu raten ist. In keinem normalen Brief wird das Foto des Absenders abgedruckt. Mit dem Foto wird sofort der Eindruck der Massenkommunikation erweckt. Ausserdem wirkt nicht jeder Mensch auf andere immer sympathisch.

Fazit: Im Zweifelsfall lieber kein Bild – als eines, welches nicht sofort Sympathie erweckt.

Der Schrifttyp, der Satzspiegel

Vermeiden Sie in Ihrem Brief jeden kommerziellen Eindruck. Dazu gehört auch, dass Sie eine Serifenschrift (also mit kleinen Füsschen unten, die die Buchstaben gut verankern) wählen, die lesefreundlich ist. Die Schrift sollte relativ gross sein (mindestens 12 Punkt), denn die meisten SpenderInnen sind älter und lesen Kleingedrucktes nicht mehr so leicht.

Sie wollen einen Brief versenden, der Nähe schafft, der wie ein persönliches Schreiben und nicht wie ein Gerichtsbeschluss wirkt. Darum sollten Sie bei der Textformatierung «Flattersatz» (linksbündig) wählen, also einen unregelmässigen rechten Abschluss. Blocksatz, der gleichmässig rechts aufhört und den man aus Büchern und Zeitungen kennt, wirkt zu hart und formell.

Auch entspricht es alter typografischer Erfahrung, die erste Zeile jedes Absatzes etwa drei Anschläge einzurücken. Das ist für das Auge angenehmer und hilft, die erste Zeile des nächsten Absatzes leichter zu finden.

Die Überleitung

Eines der grössten Probleme heute ist die allgemeine Lesefaulheit. Oft ist die Aufmerksamkeit des Lesers schon nach einer Seite erschöpft, und er liest die zweite Seite gar nicht mehr. Sie müssen sich unbedingt bemühen, ihn «mitzunehmen», ihn bis zum Schluss bei der Stange zu halten. Dafür gibt es einige technische Hilfsmittel: Eines ist natürlich die freundliche Aufforderung «Bitte wenden» unten rechts, aber weitaus erfolgreicher ist es, den Satz auf die Rückseite überzuleiten. Also beenden Sie bitte die erste Seite auf keinen Fall mit einem Punkt oder, schlimmer noch, mit einem Absatz.

Möglicherweise lächeln Sie und finden diese Einzelheiten übertrieben, im Vertrauen darauf, die LeserInnen schon fesseln zu können. Die Erfahrung zeigt jedoch, dass jedes Detail zählt!

Tipp Ein guter Spenderbrief ist wie ein Mosaik, bei dem sich viele kleine Teile harmonisch zu einem überzeugenden Ganzen zusammenfügen. Kein Brief wird erfolgreich sein, weil Details stimmen, aber er wird keinen Erfolg haben, wenn zu viele Details nicht stimmen.

Der Einzahlungsschein

Alles, was zu dem Spenderbrief gehört, muss zum Einzahlungsschein führen. Nur wenn der Empfänger den Einzahlungsschein in die Hand nimmt, ausfüllt und zahlt, hat sich Ihre Anstrengung gelohnt, wird Ihre Organisation Geld erhalten. Darum müssen Sie alles unternehmen, um diesen Teil des Mailings überzeugend und attraktiv zu gestalten. Um dies zu erreichen, gibt es zwei Möglichkeiten:

1. Indem Sie bei Briefende und/oder Verweis auf den Einzahlungsschein viel Farbe verwenden und auffallen. Sehr gut, wenn es passt und nicht durch einen zu werblichen Auftritt die Emotion, die Stimmung zerstört.
2. Indem Sie durch eine zu Herzen gehende Botschaft, ein sorgfältig ausgewähltes Foto oder eine Wiederholung des wichtigsten Arguments die Emotion noch einmal verstärken.

Tipp

Verschicken Sie keinen «nackten» Einzahlungsschein. Verstärken Sie die Emotion.

Das Faltblatt, der Prospekt

Die meisten Organisationen verwenden die meiste Zeit, die meiste Energie und Kreativität auf den Prospekt. Hier versuchen sie, Anliegen, Erfolge und Wünsche überzeugend darzustellen.

Dabei liegt die Bedeutung des Prospektes weit hinter dem Einzahlungsschein und dem Brief. Er rundet, gemeinsam mit dem Geschenk, ein kaltes Mailing ab – aber bei den eigenen SpenderInnen ist er in manchen Fällen kontraproduktiv. Warum? Weil er zu oft von der Emotion ablenkt, zum Nachdenken bringt und den Spendeentscheid vertagt.

Was soll man tun, um Prospekte «spendenfördernd» zu gestalten? Man kann wieder die Emotion vor die Information stellen. Das bedeutet, dass das Bild starkes Gewicht erhält, dass die Texte kurz sind, dass nicht zu viel Information hineingepackt wird. Prospekte sind von der Gestaltung und vom Druck her teuer, und es ist vielleicht möglich, die in ihnen enthaltene Information an anderer Stelle weiterzugeben: zum Beispiel auf der Rückseite der Einzahlungsscheine oder eines einseitigen Briefes.

Der Prospekt erfüllt jedoch einen wichtigen Zweck, wenn er der Spenderbindung dient, das heisst, wenn er ein Rücklaufinstrument enthält. Dies kann eine Bestellkarte, eine Spenderbefragung oder eine Petition sein. In diesem Fall sollten Sie sich ernsthaft überlegen, ob Sie die Versandkosten für das Rücklaufinstrument übernehmen. Dies ist eine Geste, die viele SpenderInnen zu schätzen wissen, weil sie oft keine Briefmarke zur Hand haben. Oder weisen Sie auf Fax und E-Mail als Antwortmöglichkeit hin.

Haben Sie bedacht ...

- Erinnern Sie sich daran, dass Direct-Mail die wichtigste Einnahmequelle für die meisten NPOs ist?
- Denken Sie daran, jedes Mailing der jeweiligen Situation wieder neu anzupassen?
- Haben Sie im Hinterkopf, dass der Brief Ihrer NPO nicht der einzige im Briefkasten sein wird?
- Denken Sie an die elf goldenen Regeln für einen überzeugenden Brief?
- Fügen sich alle Details zu einem überzeugenden Ganzen zusammen?

6. Dienstleister – auf gute Zusammenarbeit

6.1. Informationen – woher bekommen?

Kenntnisse über den Dienstleistermarkt erlangt man am besten durch das persönliche Gespräch mit Branchenkollegen. Dabei werden nicht nur Marktinformationen ausgetauscht, sondern auch wichtige Erfahrungen weitergegeben. Nebst spontanen Kontakten bietet die Schweizerische Gesellschaft für Fundraising einen guten Marktplatz dafür. Veranstaltungen, die auch von Dienstleistern besucht werden, bieten die Möglichkeit zu einem Erfahrungsaustausch unter Kollegen und zur Weitergabe eines enormem Fundus an Informationen und Wissen.

In Form von Mailings anderer Hilfswerke finden wir auch in unseren Briefkästen tagtäglich immer wieder nutzliche Informationen. An der Aufmachung, der Form und dem Inhalt eines bestimmten Mailings ist es möglich, die jeweiligen Dienstleister und, damit verbunden, deren Spezialitäten auszumachen.

Eine weitere Möglichkeit bieten die physischen und elektronischen Datenbanken, welche bei den jeweiligen Branchenverbänden der Dienstleister in unzähligen Verzeichnissen oder mittels Suchbegriff auch im Internet abgefragt werden können. Vielfach wird dabei zusätzlich auf die jeweilige Homepage eines Dienstleisters verwiesen, welche wiederum einen guten Einblick in dessen Möglichkeiten bietet und allenfalls Aufschluss über Referenzen gibt.

6.2. Kompetenzen eines Dienstleisters – wie herausfinden?

Während der Phase der Informationsbeschaffung wird unschwer erkennbar sein, dass die potenziellen Dienstleister nebst verschiedenen Kernkompetenzen auch einen unterschiedlichen Grad der Dienstleistungstiefe aufweisen. Die Kernkompetenzen teilen sich grundsätzlich auf in

- Konzepte / Grafik,
- Produktionsberatung,
- Adressbeschaffung / Datenbankmanagement,
- Druck / Ausrüsten,
- Personalisierung,
- Lettershop,
- Fulfillment / Auswertungen.

Dabei können vereinzelte Dienstleister auch mehrere dieser Kernkompetenzen auf sich vereinigen oder als Generalunternehmer weitere Kompetenzen zusammen mit anderen Firmen als koordinierender Dienstleister anbieten.

6.2.1. Der erste Kontakt

Bei einem ersten Kontakt geht es darum, den ausgewählten Dienstleistern den Sinn und Zweck der Organisation wie auch einer möglichen Zusammenarbeit zu erläutern. Dies ist ein zentraler Punkt, da damit neben der Förderung des Verständnisses für die Aufgabe auch deren Auseinandersetzung der Dienstleister mit dem Thema abgeschätzt werden kann. Ein gewisser Grad an Identifikation ist für eine zukünftige Partnerschaft unabdingbar.

Selbstverständlich sollen auch die Dienstleister die Möglichkeit erhalten, ihr Unternehmen vorzustellen. Dabei sollte besonderes Augenmerk auf bereits realisierte Projekte und damit bedeutende Referenzen gelegt werden. Falls nur sehr wenige oder keine solcher Projekte vorgelegt werden können, muss man davon ausgehen, dass dieser Dienstleister wenig bis keine Erfahrungen mitbringt. Es gilt nun abzuschätzen, ob ein solches Risiko eingegangen werden soll oder nicht.

Es sollte speziell darauf geachtet werden, ob ein Dienstleister mehr als nur die technischen Komponenten der jeweiligen Projekte erläutern kann. Zum Beispiel können Kenntnisse über das Thema eines vorgelegten Mailings, den Grund der gewählten Präsentationsform bzw. der Umsetzung und über den Erfolg der Kampagne durchaus vorausgesetzt werden. Zudem ist es notwendig, in Erfahrung zu bringen, welche Aufgaben der Dienstleister direkt oder koordinierend für einige konkrete Projekte wahrgenommen hat. Dies gibt Aufschluss über dessen Kernkompetenzen, die angebotene Wertschöpfungstiefe, die Erfahrungen und selbstverständlich den Grad der Involvierung sowie der Tiefe der Beziehung zu seinen Partnern.

Die Kompetenz eines Dienstleisters lässt sich auch daraus ableiten, inwieweit er in der Lage ist, bereits realisierte Mailings zu analysieren. Als Nebeneffekt bietet dieses Vorgehen selbstverständlich auch ein Feedback eines potenziellen Spenders.

6.2.2. Die Bedingungen zur Offertanfrage

Nach dem persönlichen Kontakt sollte es nun möglich sein, eine erste Auswahl derjenigen Dienstleister zu treffen, welche zu einer Offertrunde eingeladen werden. Dabei sollte ein bereits vorhandenes Mailing oder eine Idee für ein Mailing so umschrieben werden, dass alle offerierenden Parteien dasselbe anbieten, um anschliessend einen aussagefähigen Preisvergleich zu ermöglichen. Obwohl dies sehr einfach erscheint, sind gerade ungenaue Offertanfragen vielfach der Grund für grosse Preisdifferenzen.

Unterschiedliche Angebote entstehen beispielsweise dadurch, dass die Qualitäten der verwendeten Materialien variieren oder anfallende Kosten nicht im Preis eingerechnet, sondern lediglich in Zusatzerläuterungen zur Offerte erwähnt werden. Ein berühmtes Beispiel dafür sind die Kosten für Wechselplatten im Druck, wenn mehrere Sorten produziert werden sollen.

Für einen fairen Vergleich ist es also sinnvoll, eine sehr detaillierte Offertanfrage auszuarbeiten. Die Möglichkeit, Varianten mit qualitativen oder preislichen Vorteilen anzubieten, sollte dem Dienstleister selbstverständlich offen gelassen werden. Diese müssen aber deutlich von der eigentlichen Anfrage getrennt sein. Es ist im Übrigen auch darauf zu achten, dass Änderungen, die während der Offertrunde auftauchen, allen Beteiligten unmittelbar mitgeteilt werden. Dies gilt auch für Unklarheiten, welche im Gespräch mit Dienstleistern auftreten und für die Offertstellung ausschlaggebend sind.

6.3. Die Auswahl – sich für einen Partner entscheiden

Nachdem Klarheit darüber besteht, welcher der ausgewählten Dienstleister bei vergleichbarem Angebot zu welchem Preis offeriert, gilt es, unter Berücksichtigung weiterer Kriterien die Entscheidung für einen Partner zu treffen. An dieser Stelle ist es nun von grosser Bedeutung, dass sämtliche noch bestehenden Barrieren für eine zukünftige Partnerschaft diskutiert und abgebaut werden. Denn bei den noch verbleibenden Dienstleistern handelt es sich nicht mehr um potenzielle Lieferanten, sondern um mögliche Partner, mit denen ein gemeinsames Ziel zum Wohle anderer verfolgt werden soll.

6.3.1. Der Besuch beim Dienstleister

Nun ist der Zeitpunkt dafür gekommen, den Dienstleiter zu besuchen, denn bis anhin bestand dieser in der Regel aus einer oder wenigen Personen, von welchen einige sogar nur der Stimme nach beurteilt werden konnten.

Selbstverständlich ist es schwierig, die notwendige Zeit dafür zu finden. Geht man jedoch davon aus, eine zukünftige, längerfristige Partnerschaft aufzubauen, ist es sicher sinnvoll, vor Ort zu prüfen, mit wem man sich einlassen möchte – umso mehr, als nach Erteilen eines Auftrages vielfach andere als die zuvor bekannten Mitarbeiter mit den Projekten konfrontiert sind. Diese Personen anzutreffen, um die «passende Chemie» abschätzen zu können, ist für das Gelingen eines Projektes von grosser Bedeutung.

Zusätzlich darf nicht unterschätzt werden, wie viel neues Wissen bei solchen Besichtigungen vermittelt wird. Nicht zuletzt wird dabei auch das Verständnis für die Anliegen der Dienstleister gefördert, insbesondere bei der Terminierung der Projekte.

Das Wichtigste ist im Normalfall jedoch der Gesamteindruck eines Besuches. Dazu gehören eine zuvorkommende und gute Betreuung, motivierte Mitarbeiter, das Spüren eines Innovationsgeistes und selbstverständlich ein sauberer Betrieb auf gutem technischem Stand.

6.3.2. Zusammentragen sämtlicher Informationen

Sämtliche erworbenen Informationen sollten nun zusammengestellt werden, um die ausgewählten Dienstleister einer abschliessenden Beurteilung zu unterziehen. Dabei gilt es vorerst, die wichtigsten Kriterien zu definieren und diese anschliessend zu gewichten. Beispielsweise ist nebst dem Preis auch ein einwandfreier Kontakt zu den Mitarbeitern des Dienstleisters ausschlaggebend. Zusätzlich muss auch auf die Erwartungshaltung des Spenders bezüglich Qualität geachtet werden. Ein nützliches Instrument für die Zusammenfassung und Analyse der gesammelten Informationen ist die Nutzwertanalyse. In der Abbildung nebenan soll ein Beispiel einer Nutzwertanalyse das System verdeutlichen. Auf keinen Fall sollte jedoch das «Bauchgefühl» unterschätzt werden, welches ebenfalls in die Beurteilung einbezogen werden muss.

6.4. Die Zusammenarbeit – Abwicklung des Projektes

Nachdem die Entscheidung zu Gunsten eines Dienstleisters getroffen ist, beginnt die wichtigste Phase bei der Abwicklung eines Mailingprojektes – die gemeinsame Organisation. Dabei geht es nicht nur darum, das definitive Projekt festzuhalten und, falls nötig, nachträgliche Änderungen ausarbeiten zu lassen, sondern auch um die Koordination der verschiedenen in einem Projekt beteiligten Parteien. Unter anderem muss festgehalten werden, welche Dienstleister zusammenarbeiten sollen. Bei jedem Projekt sind eine Vielzahl von Firmen und Personen involviert, welche es während der Projektrealisierung zu koordinieren, aber vor allem auch zu kontrollieren gilt. Dies betrifft neben der terminlichen ebenfalls die

	Anforderungen an Dienstleister	Gewichtung	Dienstleister 1		Dienstleister 2		Dienstleister 3		Dienstleister 4	
			X	R	X	R	X	R	X	R
1	Hohe Wertschöpfungstiefe	3	1	3	3	9	4	12	3	9
2	Gute Referenzen	10	4	40	3	30	5	50	5	50
3	Günstiger Preis	25	5	125	4	100	2	50	3	75
4	Hoher Grad an Hilfsbereitschaft	5	4	20	4	20	4	20	4	20
5	Hoher Integrationsgrad in Branche	2	1	2	2	4	4	8	3	6
6	Viele Produktionsmöglichkeiten	8	3	24	3	24	5	40	3	24
7	Hoher Wissensstand	9	3	27	1	9	5	45	4	36
8	Grosse Produktionskapazitäten	7	3	21	5	35	3	21	3	21
9	Sauberer Betrieb	5	1	5	4	20	4	20	3	15
10	Grosse Vertrauenswürdigkeit	10	2	20	2	20	4	40	4	40
11	Hohe Reaktionsgeschwindigkeit	6	4	24	3	18	3	18	4	24
12	Hoher relativer Qualitätsgrad (QM)	10	2	20	4	40	3	30	3	30
	Punktezahl insgesamt	100		331		329		354		350
	Rangfolge		3. Rang		4. Rang		1. Rang		2. Rang	

X = Bewertung (gut = 5, befriedigend = 3, schlecht = 1) R = Nutzen pro Dienstleiser (Gewichtung x Bewertung)

Nutzwertanalyse

qualitative Kontrolle. An dieser Stelle kommt einem eine detailliert durchgeführte Evaluationsphase zugute, weil dabei die notwendigen Informationen dafür gesammelt wurden, das Vertrauen für diese wichtige Funktion aufzubauen.

6.4.1. Briefing: Projekt und Verantwortlichkeiten

Ohne ein gut vorbereitetes Briefing sollte auf keinen Fall ein Mailingprojekt gestartet werden. Hier geht es nicht mehr darum, sich gegenseitig kennen zu lernen (dieser Prozess ist bereits abgeschlossen), sondern darum, die einzelnen Bestandteile des Mailings sowie deren Verantwortlichkeiten nochmals klar festzuhalten. So sollen noch vorhandene technische Barrieren im Voraus erkannt und behoben und die Wahl der verschiedenen Dienstleister nochmals bestätigt werden.

Es ist sinnvoll, dass dabei neben dem koordinierenden Dienstleister auch der Verantwortliche für die Grafik anwesend ist und der Dienstleister bereits Vorlagen der verschiedenen Mailingbestandteile mitbringt. Diese sind als Grundlage für die technische Besprechung hilfreich. Auf keinen Fall sollte man zögern, auch an dieser Stelle noch Änderungen bei den Mailingbestandteilen vorzunehmen. Schliesslich ist das Bessere immer der Feind des Guten. Allerdings sollte dies zu einem späteren Zeitpunkt unbedingt vermieden werden.

Obwohl die Entscheidung für den koordinierenden Dienstleister bereits getroffen wurde, ist es nicht unbedingt notwendig, dass dieser alle Tätigkeiten selbst durchführt oder deren Ausführung überwacht. Es kann sein, dass für bestimmte Bestandteile kein Angebot angefordert wurde oder ein besseres Angebot vorliegt oder aber, dass andere Gründe bestehen, gewisse Tätigkeiten selbst zu überwachen. Dies muss aber offen kommuniziert werden, wobei es zudem Sinn macht, die jeweiligen Parteien zusammenzubringen. Ein Dienstleister, der im Sinne des Kunden denkt, sollte damit keine Probleme haben. Fairerweise muss aber vermieden werden, dass der zentrale Dienstleister beinahe keine Tätigkeiten ausserhalb der Koordination mehr durchführt, da der Koordinationsaufwand vielfach in das Angebot der einzelnen Mailingteile integriert ist.

6.4.2. Auftragsbestätigung und Terminierung

Anschliessend an das erste Briefing wird das Besprochene in Form von Auftragsbestätigungen festgehalten werden. Der Prüfung dieser Bestätigungen kommt eine besondere Bedeutung zu, da später vielfach aus terminlichen Gründen keine Korrekturen mehr angebracht werden können. Bei Unklarheiten muss in jedem Fall rückgefragt werden. Mit dem Vorliegen der definitiven Version sollte es nun auch möglich sein, weitere externe Kosten, insbesondere die Portokosten, für den Versand abzuschätzen.

Sehr wichtig in dieser Phase ist auch eine detaillierte Terminplanung (siehe die Abbildung auf den folgenden zwei Seiten), welche durch den koordinierenden Dienstleister erstellt werden sollte. Darin müssen mindestens von der Anlieferung der Layoutdaten bis hin zur Postaufgabe sämtliche Tätigkeiten mit den jeweiligen zuständigen Stellen aufgeführt sein. Es ist sinnvoll, wenn dieser Terminplan zentral vom koordinierenden Dienstleister aus an alle involvierten Parteien versandt wird und dieser auch die Verantwortung für dessen Einhaltung übernimmt. Weitere Terminpläne sollten den betroffenen Dienstleistern lediglich intern dienen.

Terminplan

Projekt: Spendenmailing September 2002 Auflage: 200 000 Ex.

	Tage	Anfang	Ende	zust.
Brief A4 + ESR + Reminder				
Eingang Bild-/Satzdaten			12.08.2002	
Montage und Erstellen GzD	2	13.08.2002	14.08.2002	
Druckfreigabe, GzD	1	16.08.2002	16.08.2002	
Plattenkopie	2	16.08.2002	19.08.2002	
Bekanntgabe Auflagenteilung			14.08.2002	
Eingang Printlayout			14.08.2002	
Eingang Adressdaten			15.08.2002	
Programmierung/Aufber.	2	16.08.2002	19.08.2002	
Erstellen Gut zum Print	3	19.08.2002	21.08.2002	
Printfreigabe	2	21.08.2002	22.08.2002	
A3-Blatt gefalzt auf A5				
Eingang Bild-/Satzdaten			12.08.2002	
Montage und Erstellen GzD	4	13.08.2002	16.08.2002	
Druckfreigabe, GzD	3	20.08.2002	22.08.2002	
Plattenkopie	2	23.08.2002	26.08.2002	
A4-Blatt gefalzt auf A5				
Einang Bild-/Satzdaten			19.07.2002	
Montage und Erstellen GzD	2	22.07.2002	26.07.2002	
Druckfreigabe, GzD	3	12.08.2002	13.08.2002	
Plattenkopie	2	20.08.2002	21.08.2002	
Versandumschlag				
Eingang Bild-/Satzdaten			09.08.2002	
Montage und Erstellen GzD	2	12.08.2002	13.08.2002	
Druckfreigabe, GzD	3	14.08.2002	16.08.2002	
Druck				
A4-Brief (Adressträger)	1	19.08.2002	21.08.2002	
ESR mit Reminder	2	19.08.2002	21.08.2002	
A4-Blatt	2	22.08.2002	23.08.2002	
A3-Blatt	2	26.08.2002	27.08.2002	
Versandumschlag	13	19.08.2002	04.09.2002	
Personalisierung				
A4-Brief (Adressträger)	1	23.08.2002	27.08.2002	
ESR mit Reminder	2	23.08.2002	27.08.2002	
Ausrüsten Falzen				
A4-Blatt gefalzt auf A5	2	26.08.2002	27.08.2002	
A3-Blatt gefalzt auf A5	2	28.08.2002	29.08.2002	
Lettershop				
A4-Blatt schneiden, falzen	4	28.08.2002	02.09.2002	
ESR schneiden, falzen	4	28.08.2002	02.09.2002	
Anlieferung A3-Blatt	0		30.08.2002	
Anlieferung A4-Blatt	0		30.08.2002	
Anlieferung Geschenkbeilage	0		30.08.2002	
Couvertieren	6	02.09.2002	09.09.2002	
Postaufgabe			**10.09.2002**	

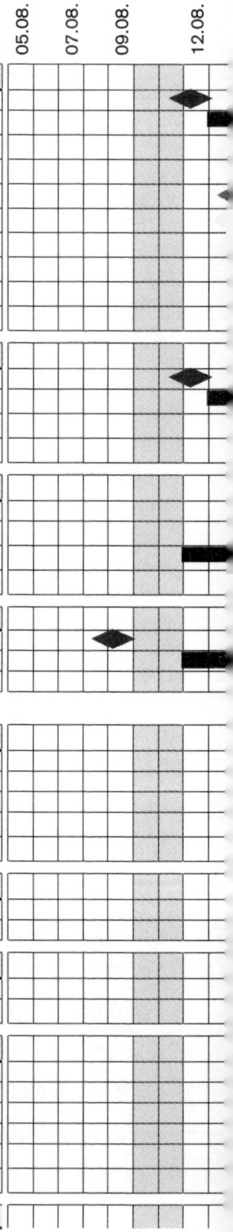

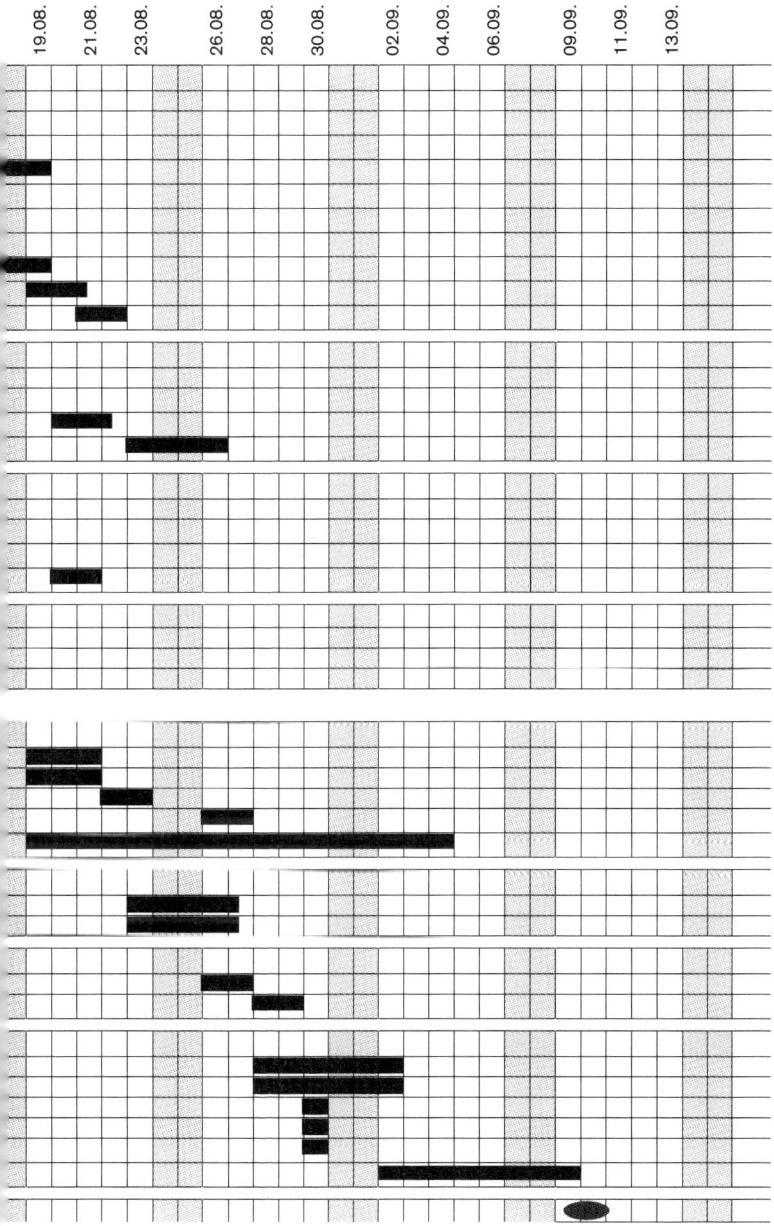

19.08.
21.08.
23.08.
26.08.
28.08.
30.08.
02.09.
04.09.
06.09.
09.09.
11.09.
13.09.

Da meistens zu einem sehr frühen Zeitpunkt der Postaufgabetermin bereits feststeht, die Abwicklung jedes Projektes jedoch einen bestimmten Zeitraum in Anspruch nimmt, ist es wichtig, bereits in der Evaluationsphase, das heisst zum Zeitpunkt der Offertstellung, die jeweilige Produktionsdauer abzufragen. Ein Zeitdruck sollte nicht bereits zu Beginn des Projektes bestehen.

6.4.3. Informationsfluss

Zu einem gewissen Zeitpunkt wird die Verantwortung für die Realisierung aus der Hand gegeben. Aus diesem Grund ist es von grosser Bedeutung, dass der Informationsfluss zwischen den involvierten Parteien und vor allem zwischen dem Auftraggeber und dem Koordinationspartner einwandfrei funktioniert. Dabei ist darauf zu achten, dass die Informationen an einer zentralen Stelle zusammenfliessen. Nur so kann die Koordinationsaufgabe auch wahrgenommen werden, und es entsteht zusätzlich für den Auftraggeber eine gewisse Sicherheit, da dieser sich an nur einer Stelle auf den aktuellsten Stand bringen kann. Da in der Praxis gerade dieser Punkt immer eine Schwachstelle aufdeckt, ist bei der Evaluation der Partner auf deren kommunikative Fähigkeiten besonderes Augenmerk zu legen. Und zusätzlich sollte auch darauf geachtet werden, dass der Koordinationspartner zentrale Tätigkeiten selbst ausführt oder es sich beim Generalunternehmen um ein gut eingespieltes Team handelt.

Bei einem ersten gemeinsamen Projekt ist es sicherlich sinnvoll, bestimmte Meilensteine festzulegen, wann Informationen über den Stand der Mailingaktion fliessen müssen. Üblicherweise sind das Meldungen über den Empfang von Layout- und/oder Adressdaten, «Gut zum Druck» und «Gut zum Print», also die Druckfreigaben, eventuell erste Druckmuster ab der Maschine, Einsteckmuster der ersten Kuvertierung und selbstverständlich das Postaufgabebordereau. Falls es die Zeit erlaubt, ist ein Besuch beim Dienstleister für beispielsweise eine Druckabstimmung durchaus sinnvoll. Dabei lässt sich nebst der Qualität auch die Einhaltung des Terminplanes überprüfen.

6.4.4. Postaufgabe und Musterversand

Das wichtigste Datum auf dem Terminplan ist sicher das Postaufgabedatum. Meistens führt das Nichteinhalten dieses Termins umgehend zu finanziellen Verlusten. Ein guter Kontakt zur jeweiligen Verteilerorganisation zwecks Überprüfung einer korrekten und termingerechten Postaufgabe ist daher unumgänglich. Zusätzlich gilt es natürlich auch, mit der Verteilerorganisation die Konditionen der Verteilung und dementsprechend den jeweiligen Zeitbedarf auszuhandeln. Zur Überwachung der erteilten Garantien sollte auf keinen Fall auf Testadressen verzichtet werden.

6.4.5. Debriefing – Besprechung des nächsten Projekts

Ein Debriefing sollte unabhängig von der Güte und dem erzielten Erfolg eines Projektes durchgeführt werden. Denn Kritik auszuüben und über sich ergehen zu lassen, gehört zu den Grundsteinen einer gut funktionierenden Partnerschaft. Es geht ja auch darum, sich einander anzunähern, um gegenseitig die Bedürfnisse und Erwartungen besser einschätzen zu können. Der Zeitpunkt für das Debriefing sollte auf jeden Fall so gewählt werden, dass der Erfolg der Mailingaktion bereits abgeschätzt werden kann. Je nachdem, ob und vor allem an welcher Stelle Schwachpunkte aufgetaucht sind, sollten der Auftraggeber, der koordinierende Dienstleister und gegebenenfalls der oder die Verantwortlichen für die aufgetretene Schwachstelle am Debriefing anwesend sein. Es sollte aber auf keinen Fall unterlassen werden, auch die positiven Punkte zu erwähnen. Eine positive Stimmung trägt massgeblich zum guten Gelingen eines weiteren Projektes bei.

Das Debriefing sollte in jedem Fall auch einen Ausblick in die Zukunft ermöglichen. Dabei sollten bereits bekannte Themen und deren Umsetzung in einem neuen Mailing besprochen werden. Je früher dieser Prozess gestartet wird, desto mehr Zeit verbleibt, um wichtige Abklärungen, beispielsweise für die Beschaffung spezieller Beilagen, treffen zu können. Selbstverständlich dürfen an dieser Stelle auch Inputs vom Dienstleister erwartet werden.

7. Fundraising – weitere Möglichkeiten

7.1. Legate – auch sie fallen nicht vom Himmel

7.1.1. NPOs – im Testament bedacht werden

Es ist eine Tatsache, dass viele Menschen immer reicher werden. Steigende Grundstückpreise, höhere Löhne und die eine Zeit lang boomende Börse haben aus ganz gewöhnlichen Mitmenschen Millionäre gemacht. In der Schweiz sind 21 Prozent der Bevölkerung pensioniert, diese 21 Prozent besitzen 50 Prozent des Volksvermögens.

Ausserdem ist die durchschnittliche Lebenserwartung gestiegen, und Menschen im hohen Alter haben oft den Eindruck, dass ihre eigenen Kinder nicht alles verfügbare Geld benötigen, da sie selbst schon fast im Rentenalter sind.

Früher herrschte bei Non-Profit-Organisationen die Meinung vor, dass Legate vom Himmel fallen und man nichts machen könne, um dies zu beeinflussen. Inzwischen haben Fundraiser den Begriff «Legatmarketing» geprägt. Wie bei so vielem im Fundraising haben die Amerikaner und Engländer damit begonnen, und in den meisten grösseren Organisationen gibt es jetzt MitarbeiterInnen, die sich um den Bereich Grossspenden und Legate kümmern.

Es hat sich gezeigt, dass man den Erhalt von Legaten sehr wohl beeinflussen kann, teilweise recht einfach durch eine häufige Präsenz in der Öffentlichkeit und den Haushalten. Hilfswerke haben erfahren, dass sie drei bis fünf Jahre nach Einführung von Direct-Mail-Programmen vermehrt kleine Legate erhielten. Einfach so!

Es gibt Wege und Mittel, potenzielle Erblasser zu beeinflussen. Dabei haben kleine Organisationen die gleiche Chance wie grosse.

Was ihnen an Medienpräsenz fehlt, machen sie durch grössere Nähe wett.

Wer hinterlässt Erbschaften an gemeinnützige Organisationen? Ungefähr zwei Drittel aller Legate kommen von Frauen. Diese haben oft ihr ganzes Leben sehr bescheiden gelebt, beim Tode des Mannes geerbt und möchten am Ende ihres Lebens etwas für das Allgemeinwohl tun oder für etwas Gutes, das ihnen im Leben widerfuhr, danken.

7.1.2. Legate für Ihre Organisation – was können Sie tun?

Als Erstes können Sie immer wieder darauf hinweisen, dass Legate für Sie wichtig sind. Folgende, relativ einfache Massnahmen sind möglich:

- Sie veröffentlichen auf allen Druckerzeugnissen einen Hinweis;
- im Jahresbericht werden alle erhaltenen Erbschaften mit ausführlicher Würdigung der Erblasser aufgeführt.

Wenn Ihre Organisation eine Zeitung herausgibt, können Sie Berichte und Lebensläufe von Legatgebern sowie Interviews mit deren Kindern veröffentlichen. Dies bietet die Möglichkeit, die Verwandten zu positiven Stellungnahmen zum Legat zu bewegen, zum Beispiel in dem Sinne: Warum wir uns freuen, dass unser Vater/unsere Mutter die Organisation X im Testament bedacht hat.

Der nächste Schritt wäre dann die aktive Gewinnung von Menschen, die Kontakt mit möglichen Legatgebern haben. Das sind:

Notare und Rechtsanwälte

Auch wenn es ganz einfach ist, selbst ein Testament aufzusetzen, gehen gerade vermögende Menschen oft zum Fachmann, um Testamente zu erarbeiten, die alles in ihrem Sinn regeln und keine Unstimmigkeiten unter den Erben aufkommen lassen. Notare werden häufig nach einer empfehlenswerten Organisation, der man etwas hinterlassen könnte, gefragt. Oft werden neben den gesetzlichen Regelungen und Summen an verschiedene Bekannte Restbeträge für gemeinnützige Organisationen ausgeschrieben. Dieser «Rest» kann sehr substanziell sein. Für eine NPO ist es nicht notwendig, Haupterbe zu sein.

Vermögensverwalter und Treuhänder

Ein besonderes Arbeitsgebiet grosser Banken ist das Private Banking, deren Mitarbeiter sich um vermögende Bankkunden kümmern und ihnen das Leben erleichtern. Oft bildet sich ein Vertrauensverhältnis zwischen diesen Vermögensverwaltern und den Kunden. Hier können Sie durch gezielte Kontakte interessante Verbindungen aufbauen. Es genügt aber nicht, einmal eine Broschüre zu senden. Sie müssen versuchen, einen regelmässigen Kontakt aufzubauen. Besonders bei Ihrer Hausbank sollte das möglich sein.

Vertreter der Kirchen

Pfarrer, Pastoren und Geistliche allgemein sind geachtete Menschen. Obwohl die meisten Kirchen selbst aktiv Fundraising betreiben, lohnt es sich doch, mit den lokalen Vertretern gute Kontakte zu pflegen.

Bestattungsinstitute

Oft fragen die Angehörigen in letzter Minute nach dem Namen einer Organisation, der sie anstelle von Blumen und Kränzen auf dem Grab eine Spende zukommen lassen könnten. Hier lohnt es sich, Briefe mit Information über Ihre Organisation und Betonung der lokalen Aktivitäten zu versenden.

Menschen in engem Kontakt mit älteren Mitmenschen
Dies ist natürlich eine sehr offene Definition – aber Ärzte, Service-Clubs und so weiter haben oft Kontakt mit genau jener Personengruppe. Sie sollten Informationen über Ihre Organisation erhalten, aber auch Unterlagen mit einfachen Hinweisen, wie ein Testament abzufassen ist und was es zu beachten gilt.

Eine Legat-Broschüre kann aus einem gefalzten DIN-A4-Blatt bestehen, in dem die wichtigsten Hinweise für ein gültiges Testament in einfacher Sprache gegeben werden. Aber vergessen Sie nicht, es von einem Notar beurteilen und korrigieren zu lassen.

Insbesondere wenn Sie lokal oder regional gut verankert sind, sollten Sie betonen, dass der Erblasser sicher sein kann, dass das Geld in seinem Umfeld ausgegeben wird, Gutes bewirkt und so dem Verstorbenen ein ehrendes Andenken bewahrt wird.

Noch ein paar Tipps für das sichere Gelingen:
- Bieten Sie eine sichtbare Gegenleistung für ein Legat: Dies könnte beispielsweise die Gravur des Namens auf einer Ehrentafel sein oder die Benennung eines Raumes nach dem Legatgeber.
- Geben Sie Beispiele von erhaltenen Legaten und was sie bewirkten.
- Führen Sie immer den Namen einer Kontaktperson im Haus und/oder den Namen eines Notars auf, dem Sie vertrauen.

Haben Sie bedacht ...

- Ist aus Ihren Druckerzeugnissen zu ersehen, wie wichtig Legate für Ihre NPO sind?
- Haben Sie Kontakt mit anderen Berufsgruppen aufgenommen?
- Verfügen Sie über eine Legat-Broschüre?

7.2. GrossspenderInnen – wer verschenkt Millionen?

7.2.1. Sicher nicht schnell – aber hoch

Ein Traum von uns allen ist sicher, dass ein reicher Mensch uns Millionen schenkt. Alle unsere finanziellen Sorgen wären vorbei, und wir könnten uns in Ruhe unserer eigentlichen Arbeit widmen. Wie erreichen Sie das für Ihre NPO?

Dieser Teil gibt Ihnen wertvolle Hinweise und versucht, Ihnen Mut zu machen auf dem manchmal langen Weg zur grossen Spende.

Zuerst sollten wir festlegen, wann von einer Grossspende gesprochen werden kann. Wir definieren hier als Grossspende einen Betrag von mindestens 50 000 Franken aufwärts.

Zunächst eine Frage: Wenn Sie wählen müssten, würden Sie lieber zehn Spenden von 50 000 oder eine einzige Spende von 100 000 Franken, vielleicht aus einem Erbe, erhalten? Erfahrene Fundraiser wählen in der Regel die erste Möglichkeit, weil dort nämlich die Chance grösser ist, dass der eine oder andere Spender noch einmal spendet. Bei einer einzigen Spende ist sie sehr viel kleiner.

Die meisten Menschen, die neu mit Fundraising beginnen, meinen, dass man Grossspenden weniger beeinflussen könne, dass Grossspenden, wie auch Legate, etwas mit Glück und Zufall zu tun hätten. Das trifft bis zu einem gewissen Grad auch zu – wie alles im Leben. Aber auch Grossspenden kann man aktiv suchen und auslösen. Dies erfordert allerdings Energie, Zeit und Beharrlichkeit.

Man arbeitet am Anfang ohne viel Ansporn oder schnelle Erfolge. Da ist es wichtig, das Ziel im Auge zu behalten und nicht in den Fehler zu verfallen, die Arbeit am Grossspender-Programm zu vernachlässigen, weil es immer drängende Aufgaben und vielleicht

Projekte gibt, die Aussicht auf schnelleres Geld versprechen. Nun gibt es aber neben den Legaten keinen weiteren Zweig der Mittelbeschaffung, in dem das Verhältnis Aufwand/Erfolg so günstig ist wie bei Grossspender-Programmen.

Bedenken Sie bitte in diesem Zusammenhang, dass grosse Beträge meist von Individuen, nicht von Stiftungen, anderen Organisationen oder Körperschaften gespendet werden.

Bei den meisten erfolgreichen Organisationen sind die Spenden von wenigen SpenderInnen die Grundlage, das Rückgrat der Arbeit. Das Pareto-Prinzip besagt, dass 20 Prozent der Gesamtzahl der Spenden 80 Prozent des Organisationseinkommens ausmachen. Bei einigen Organisationen sind es sogar nur fünf Prozent der Spenden, die die meisten Einnahmen bringen. Bitte sehen Sie sich die folgende Abbildung an und versuchen Sie, für Ihre eigene Organisation etwas derartiges zu erstellen. (Kopieren Sie die Seite und schreiben Sie Ihre eigenen Angaben hinein.)

Pareto-Prinzip

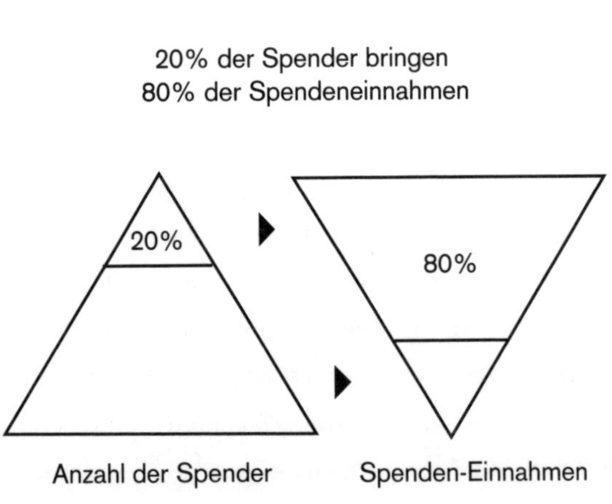

Diese Vorlage beruht auf den Erfahrungen vieler verschiedener Organisationen. Für Sie kann einiges ganz anders aussehen. Was aber auch für Sie wichtig ist, ist die Idee, auf der diese Pyramide basiert: Viele SpenderInnen geben wenig, wenige SpenderInnen geben viel, und beide Spendergruppen brauchen Aufmerksamkeit.

Die fünf Geheimnisse von Grossspenden sind im folgenden Satz enthalten: Die richtige Person fragt den richtigen Spender zum richtigen Zeitpunkt nach der richtigen Summe für das richtige Projekt.

In anderen Worten: Nichts sollte dem Zufall überlassen sein. Durch geduldige Arbeit erreicht man den Moment, in dem alle Teile des Puzzles zusammenpassen, in dem alles richtig ist und man hoffen und mit Zuversicht erwarten kann, dass eine grössere Summe die geduldige Arbeit belohnt.

Praxis-Beispiel

«Aufbruch» ist eine Vereinigung, die jungen Menschen psychotherapeutische Hilfe anbeitet, die während der Kinderjahre missbraucht wurden. Die Kosten dafür, für die niemand aufkommen will, sind zum Teil beträchtlich.

Gegründet wurde die Organisation von einem Mann, dessen Tochter von einem Onkel missbraucht wurde. Er zahlte das Startkapital für einen Hilfsfonds mit der Auflage, dass die Fachleute, die aus diesem Fonds bezahlt wurden, einen Teil des Geldes dafür verwendeten, neue SpenderInnen zu finden.

Aber diese Verknüpfung von Therapie und Akquisition überforderte die Psychotherapeuten. Das Geld war fast aufgebraucht, als man die Notbremse zog. Der Gründer zahlte wieder eine beträchtliche Summe, und die Suche nach den neuen SpenderInnen begann. Externe Fachleute wurden beigezogen, die zwei verschiedene Szenarien vorschlugen:

- Suche nach Stiftungen, die diese Arbeit einmal jährlich mit namhaften Beträgen unterstützen: Diese Lösung hat den grossen Vorteil, dass sie nur wenig Aufwand mit sich bringt und kein Kapital beansprucht. Es sind lediglich einige Gesuche pro Jahr zu versenden. Ein einmal ausgearbeitetes Standardgesuch kann jährlich angepasst und erneut versendet werden.
  Hingegen besteht keine Sicherheit über die fortlaufende Finanzierung. Der Ausfall einer Stiftung bedeutet ein finanzielles Loch, von dem man nicht weiss, ob und wie es schnell zu stopfen ist.
- Aufbau einer kleinen Adresskartei von maximal 10 000 Adressen, die viermal jährlich kontaktiert werden. Die SpenderInnen werden gebeten, sich für einen Betrag von 100 Franken jährlich zu verpflichten oder grössere Einzelspenden zu machen. Die Adressen erhält man durch Berufskollegen, persönliche Freunde und Bekannte, PatientInnen und Klienten (durch Auslegen eines Prospekts in Warteräumen) oder durch kalte Mailings in geeigneten Berufs- und Einkommensgruppen.
  Der Vorteil ist die langfristige finanzielle Abstützung auf einen breiten Personenkreis, aus dem auch Grossspender rekrutiert werden können. Der Nachteil ist die verhältnismässig grosse Anfangsinvestition (Kauf von Computer, Software und Adressen, Löhne, Druckkosten).

Man entschloss sich für ein Vorgehen, das Vor- und Nachteile beider Szenarien miteinander vereinte: Zuerst wurden Gesuche an Stiftungen und bekannte wohlhabende Persönlichkeiten versandt. Gleichzeitig wurde mit dem Aufbau einer Adresskartei begonnen.

7.2.2. Grossspenden – nicht für jeden sinnvoll

Bevor Sie Zeit für die Konzeption einer Grossspender-Kampagne investieren, müssten Sie sich fragen, ob diese überhaupt für Ihre Organisation geeignet ist. Grossspenden sind wahrscheinlich überall willkommen – aber trotzdem gibt es einige Fälle, in denen Sie mit zahlreichen Kleinspenden näher an Ihrem Ideal bleiben. Deshalb klären Sie mit Vorteil folgende Fragen für sich:

- *Wollen Sie wenige, grosse Spenden oder lieber viele kleine?* Wenn Sie eine Organisation sind, die Druck auf den Gesetzgeber oder die öffentliche Meinung ausüben will, müssen Sie beweisen, dass Sie viele Mitglieder/UnterstützerInnen haben – nicht nur wenige reiche Leute. Und wenn Sie eher linkes Ideengut vertreten, werden Grossspenden wahrscheinlich mit viel Misstrauen wahrgenommen.
- *Wollen Sie Geld von Privaten?* Es gibt auch die Möglichkeit, dass Sie Geld von Stiftungen suchen. In diesem Fall ist das Vorgehen anders.
- *Können Sie SpenderInnen finden?* Wenn Sie an Grossspenden denken, wird Ihre erste Reaktion wahrscheinlich sein: «Ich kenne keine bekannten oder reichen Leute, die grosse Summen geben könnten.» Bitte vergessen Sie nicht, dass es in der Schweiz fast 200000 Millionäre gibt – und diese Zahl steigt sprunghaft. Ein Grossspender wird sich leichter in Ihrem Umfeld finden lassen und sich nicht von der Mehrzahl Ihrer Bekannten unterscheiden, als in der Liste der 300 oder 3000 reichsten SpenderInnen. Sie müssen davon ausgehen, dass viele Menschen, die Mittel haben, bereit sind, grosse Spenden zu machen – aber bis jetzt hat sie niemand gefragt.
- *Haben Sie Bekannte und Freiwillige, die Ihnen helfen?* Um eine Anzahl Namen von möglichen GrossspenderInnen zu finden,

sollten Sie eine Liste von möglichen Kontakten haben, Menschen, die Ihnen bei der Suche behilflich sind. Die Erfahrung zeigt, dass Sie mit einer Gruppe von mindestens zehn Menschen, die Ihnen bei der Findung von Namen und Kontakten möglicher GrossspenderInnen behilflich sind, Erfolg haben sollten. Sollten Sie aber keine «Startgruppe» aus Bekannten und Freiwilligen zusammenbringen, die Ihnen dabei hilft, werden Sie es schwer haben, GrossspenderInnen zu finden.

- *Können Sie Zeit und Energie für die GrossspenderInnen-Gewinnung einsetzen?* Bei einer Grossspenden-Kampagne brauchen Sie Vorbereitungszeit für Recherchen, Arbeit mit Freiwilligen, Erstellen von Dossiers und so weiter. Wenn Sie diese Zeit nicht finden können, keine Zeit für Aussenkontakte und die notwendige Schreibtischarbeit haben, sind Grossspenden-Kampagnen schwierig für Sie.
- *Verfügen Sie über die richtige Infrastruktur?* Gerade bei Fundraising-Aktivitäten, die die besten Spender einbeziehen, ist ein absolut verlässliches Funktionieren der Datenbank und eine kontinuierliche Pflege der Adressen Voraussetzung. Nichts verärgert treue SpenderInnen mehr als Schreiben, die ihren Status als geschätzte Freunde nicht berücksichtigen.

  Einige Organisationen haben darum begonnen, eine separate Datei von nur wenigen Grossspendern im Haus zu führen. Die Idee scheint einleuchtend – aber sie hat Tücken. Entweder man entfernt diese Namen ständig aus der Hauptkartei, was die Abgleiche bei der Neuspender-Gewinnung problematisch macht, oder man muss bei jedem Datenlauf wieder alle Namen eingeben.
- *Sind Sie Realist?* Wissen Sie, dass auch GrossspenderInnen-Kampagnen in erster Linie auf harter Arbeit, guter Vorbereitung und Hartnäckigkeit basieren? Ist Ihnen ganz klar, dass

Geschichten vom Geld, das (scheinbar) vom Himmel fiel (SpenderInnen, die anrufen und spontan Geld anbieten, anonyme Millionen und so weiter), ins Reich der Fabel des Aussergewöhnlichen gehören und nicht die Grundlage für Ihr Programm sein sollten? Hartnäckigkeit, solide Arbeit und nicht Glück sollten die Basis für Ihre Kampagne sein.

7.2.3. Grossspenden-Kampagnen – wie anfangen?

Im Allgemeinen gibt es nur zwei Wege, an wohlhabende Mitmenschen, die Ihnen grössere Summen spenden könnten, heranzutreten.

Auf die erste Möglichkeit wollen wir nur kurz eingehen, weil die Aussichten auf Erfolg eher gering sind. In diesem Fall erstellen Sie Listen von Menschen, die über ausreichende finanzielle Mittel verfügen, um Ihnen eine Spende von mindestens 50 000 Franken zu geben. Wo finden Sie diese Listen? In den meisten Ländern veröffentlichen Finanz-Zeitschriften einmal im Jahr die Liste der reichsten MitbürgerInnen. Diese Ausgabe wird zumeist in erhöhter Auflage gedruckt, verkauft sich vorzüglich und liegt in den Büros vieler Fundraiser. Damit beantwortet sich auch schon die Frage nach ihrer Nützlichkeit, denn viele Organisationen schicken ein Gesuch an alle Reichen und wundern sich, wenn sie nicht einmal das Porto wieder zurückbekommen. Für Adresslisten von Menschen mit vielen Aufsichtsrat-Mandaten, Fabrikbesitzern, Vorstandsmitgliedern und so weiter gilt das Gleiche. Wenn Sie keine persönlichen Beziehungen haben und kalte Briefe versenden, wird die Antwortrate praktisch null sein.

Tipp In den meisten kleinen Organisationen wird die sofortige Antwort in Bezug auf mögliche GrossspenderInnen lauten: «Wir kennen niemanden.» Wenn man sich dann zusammensetzt, sieht man, dass Fäden geknüpft, Beziehungen und Querverbindungen herausgearbeitet werden können.

Ganz anders gestaltet sich das Bild – und dies ist der zweite und Erfolg versprechende Weg, um GrossspenderInnen zu gewinnen –, wenn Sie unter Freiwilligen, Bekannten und so weiter Bezugspersonen finden können. Sobald ein persönlich Bekannter den Brief an einen potenziellen Spender unterschreibt, steigen die Erfolgschancen sprunghaft an.

Wer kennt wen? – Gruppensitzungen

Sie starten mit einer Gruppensitzung. Sie sollte sorgfältig geplant und durchgeführt werden. Man braucht einen angenehmen Raum, einen Tisch und genügend Sitzgelegenheiten sowie eine Gruppe zwischen acht und 16 Personen aus möglichst verschiedenen Lebensbereichen.

Wenn alle TeilnehmerInnen etwas zu trinken haben, gut installiert sind, bedarf es nur einer kurzen Einführung und eines *name storming*. Statt eines Brainstorming, bei dem Ideen zusammengetragen werden, sammelt man hier Namen von Bekannten, Persönlichkeiten und so weiter – ohne Kritik der anderen Teilnehmer, ohne Wertung. Diese Namen werden auf einer grossen Liste notiert.

Dann kommt der schwierigere Teil der Arbeit: Wer kann eine Beziehung zu diesen Menschen, deren Namen auf der Liste notiert wurden, herstellen? So werden im zweiten Schritt hinter jedem Namen die Initialen der Teilnehmer notiert, die diese Person kennen. Je mehr, desto besser. Damit ist der Zweck des Zusammentreffens schon erreicht: Man hat eine Namensliste, mit der man die Arbeit beginnen kann.

Der nächste Schritt ist, herauszufinden, ob

- diese Menschen tatsächlich über hohe finanzielle Mittel verfügen,
- sie Berührungspunkte mit unserer Organisation haben,
- es in der Gruppe oder der NPO jemanden gibt, der nah genug am potenziellen Spender ist, um ihn zu kontaktieren.

Jetzt beginnt die Feinarbeit. Für jeden möglichen Spender wird eine Karteikarte oder ein Computerdatei-Eintrag vorbereitet. Darauf sollten mindestens folgende Punkte eingetragen sein:

- Name, Adresse, Telefon,
- Beruf und Geschäftsadresse,
- Geburtsdatum oder geschätztes Alter,
- Zivilstand (verheiratet, Kinder mit Alter, Beruf und so weiter),
- bisher gemachte Spenden,
- Kontakte mit Kontaktperson.

Zusätzlich benötigen Sie ein offenes Feld, in dem alle zusätzliche Informationen, die man beschaffen kann, eintragen werden, zum Beispiel:

- Wem spendet die Person sonst noch?
- Anekdoten,
- Zeitungsausschnitte,
- berufliche Anknüpfungspunkte.

Wichtig ist, dass alle Informationen gebündelt und zusammengetragen werden und dass jeder in der Organisation weiss, an wen er eventuelle Funde und Informationen weitergeben sollte. Es hat keinen Zweck, das Ganze zu sehr zu veradministrieren – Hauptsache ist, dass alles am gleichen Ort zusammen ist. Und räumen Sie nicht von Zeit zu Zeit auf und werfen alte Informationen fort. Der potenzielle Spender erinnert sich sehr gut, was vor acht oder zwölf Jahren in seinem Leben geschah, und er wird gerührt und beeindruckt sein, wenn er sieht, dass Sie einiges über ihn wissen.

In der zweiten Gruppensitzung werden den Teilnehmenden (die gleiche Gruppe wie beim ersten Mal, oder wenn neue, wertvolle Kontakte gebildet wurden, werden diese mit einbezogen) die Karten oder Mappen mit Informationen über mögliche SpenderInnen präsentiert – eine Karte nach der anderen. Zu jedem Namen sollten die Anwesenden alles sagen, was ihnen einfällt. Neue Informationen werden eingetragen und sofort im Dossier vermerkt.

Wer mit welchem Betrag?

Der nächste Schritt ist die Schätzung des Betrages, um den man bitten könnte. Welches Projekt würde interessieren, oder ist es besser, die Gesamtheit der Arbeit vorzustellen und einen Beitrag für den laufenden Betrieb oder eine Kampagne zu erhalten?

Weiterhin könnte man beschliessen, hier nicht sofort nach Geld zu fragen, sondern diesen Kontakt lieber für zukünftige Mittelbeschaffungsmassnahmen zu reservieren: als Vorstands- oder Patronatsmitglied, als Türöffner in seinem/ihrem beruflichen/sozialen Umfeld. Ist er/sie beispielsweise Mitglied in einem Service-Club (Lions, Soroptimist, Rotary und so weiter), hat er/sie politische Kontakte?

Ein heisser Tipp

Restaurant- und Hotelbesitzer haben einen unendlichen Wissensschatz über wer mit wem speist und plaudert. Angehörige anderer Berufe sind ähnlich gut informiert.

Wie gehen Sie weiter vor? Je nach verfügbarer Zeit sollten Sie jetzt fünf bis zehn Namen auswählen. Welche? Sie gewichten den Wert des potenziellen Spenders für Ihre Organisation nach verschiedenen Kriterien.

Mögliche Spender-Chancen-Gewichtung
Geben Sie jedem Spender zwischen einem und fünf Punkten für jede Zeile, multiplizieren Sie diese mit dem Faktor und tragen die gesamte Punktzahl unter Total ein. Der Faktor ist ein Resultat unserer Erfahrung. Er stellt die Bedeutung des jeweiligen Punktes in der Beurteilung des jeweiligen Spenders dar.

Name
Datum

Fakt	Punkte	Faktor	Total
Gemeinsame Interessen		2	
Finanzielles Potenzial		3	
Bindung an andere		1	
Bindung an uns		3	
Persönlichkeit (Einschätzung)		1	
Frühere Spenden für uns		2	
Gemeinsame Grundhaltungen (Kirche, Politik)		1	

Im Anschluss an diese Gewichtung sollten Sie sich überlegen, ob Sie Ihre Bemühungen sofort mit der Person beginnen, die die höchste Punktzahl erhalten hat, oder ob Sie zunächst Erfahrungen sammeln wollen und die bestmöglichen SpenderInnen erst dann kontaktieren, wenn Sie geübt sind.

Bevor Sie weitere praktische Schritte wie Briefe, Telefonate oder

Besuche planen, ist es wichtig, innezuhalten und sich noch einmal zu überlegen, warum Menschen spenden.

Die nachstehende Liste ist schon älter; sie stammt aus dem Jahr 1984 und wurde aus dem Amerikanischen übernommen, weil eine derartige «GrossspenderInnen-Forschung» bei uns noch kaum existiert. Diese Tatsachen geben ihr noch mehr Gewicht, denn die Liste zeigt, dass Motive zum Spenden überall gleich sind und sich im Laufe der Zeit kaum verändern.

Gründe, grössere Beträge zu spenden	Gewichtung durch erfahrene Fundraiser
Glaube an das Ziel	2
Bereitschaft, Verantwortung zu übernehmen	7
Achtung für Mitarbeiter der Organisation	11
Bewunderung für die Organisation selber	6
Respekt für Vorstandsmitglieder, Freiwillige und so weiter	6
Ist als Erwachsener tätig für Organisation	12
War als Kind/Jugendlicher (Pfadfinder und so weiter) beteiligt	10
Grosses Interesse an spezifischem Projekt	3
Teilnahme an früheren Projekten	14
Religiöse oder andere spirituelle Bindungen	17
Vorteile, die dem Spender persönlich erwachsen	12
Einzigartigkeit des Projektes oder der Organisation	16

Andere durch die eigene Spende motivieren	13
Ebenso grosszügig sein wie andere	18
Gelegenheit, sich selber ein Denkmal zu setzen	15
Steuerliche Vorteile	9
Dankbarkeit für eigenes Leben, Gesundheit und so weiter	15

Wer, wen, zu welchem Zeitpunkt?

Der Leitsatz lautet hier: Die richtige Person fragt den richtigen Spender zum richtigen Zeitpunkt.

Ein richtiger Zeitpunkt ist grundsätzlich zwischen September und November, wenn sich schon Weihnachtsstimmung breit macht, aber die Menschen noch nicht im Weihnachtsrummel untergehen. Der richtige Zeitpunkt ist auch der Frühling, wenn das erste Grün der Bäume und längere Tage die Menschen optimistischer machen. Im Sommer ist es schwieriger, wenn es heiss ist und viele Menschen in den Ferien sind. Es gibt allerdings Ausnahmen: Wenn Sie zum Beispiel aus Ihren Unterlagen ersehen, dass der potenzielle Spender schon einmal zu einem Zeitpunkt gespendet hat, der für ihn vielleicht grosse Bedeutung hat, sollten Sie diese Gelegenheit nutzen.

Der richtige Moment bedeutet auch, dass Sie nicht bitten, wenn Ihnen finanziell das Wasser bis zum Hals steht. Bitten Sie um Hilfe, wenn Sie eher in einer positiven Phase sind und die Gespräche entspannt führen können. SpenderInnen geben lieber für eine positive Aktion als für eine verzweifelte Schuldensanierung.

Was Sie nicht tun sollten: Gesetzt den Fall, Sie wissen, dass ein reicher Mensch zu einem bestimmten Anlass kommt. Ist dies Ihre einmalige Chance, diese Person anzusprechen? Verzichten Sie darauf! Reiche sind auch nur Menschen und möchten gewisse Anlässe ohne Störungen überstehen. Sie haben Gelegenheit, zuzuhören und unaufdringlich Präsenz zu zeigen. Eventuell können Sie erreichen, vorgestellt zu werden, um später ein Treffen zu arrangieren.

Eine unserer peinlichsten Erinnerungen ist ein Benefiz-Konzert, zu der eine bekannte Millionärin erschien. Einige unserer Fundraising-Kollegen bildeten eine Art Mauer um sie, um zu verhindern, dass andere Kontakt mit ihr hatten. Sie war so genervt, dass sie nach einer halben Stunde den Anlass verliess.

Grossspenden in Deutschland

Grossspenden gibt es nicht nur von amerikanischen Milliardären, sondern auch von deutschen. Hier eine kurze Übersicht, die keinen Anspruch auf Vollständigkeit erhebt:

- Helmut und Hannelore Greve: 35 Mio. Euro an die Universität Hamburg für 2 Flügelbauten (1996);
- Otto Beisheim: 15 Mio. Euro an die Otto-Beisheim-Hochschule für Unternehmensführung (1996);
- MLP AG / Lautenschläger: 13,8 Mio. Euro an die Ruprecht-Karls-Universität Heidelberg (2002);
- Else Kröner Fresenius: 12 Mio. Euro Stiftung an die Technische Universität München für das Else Kröner Fresenius-Zentrum für Ernährungsmedizin (2001);
- Hasso Plattner: 10 Mio. Euro an die Universität Mannheim für eine Renovierung (2003);
- Stiftung Mercator: 6,5 Mio. Euro an die International University Bremen (2002);
- Werner Otto: rund 10 Mio. Euro an die Evangelische Stiftung Alsterdorf;

- Familie Otto: 5 Mio. Euro für die Neugestaltung des Jungfernstieges, Hamburg (2003);
- Werner Otto: 4,5 Mio. Euro an das Berliner Konzerthaus für einen Umbau (2002);
- Wuppertaler Unternehmer: 5 Mio. Euro an die Stadt Wuppertal für Oper und Schauspielhaus (2003);
- Werner Otto: 3 Mio. USD an die Harvard Universität, Boston für einen Museumsneubau;
- Karl und Ingrid Ehlerding: 3 Mio. Euro (5,9 Mio. DM) an die CDU (1998);
- Werner Otto: 2,7 Mio. Euro (5,5 Mio. DM) an die Staatliche Jugendmusikschule in Hamburg für einen Umbau;
- Hector Stiftung: 2,2 Mio. Euro (4,5 Mio. DM) an die Stadt Mannheim, Kunsthalle für die Integration eines Luftschutzbunkers in die Ausstellungs- und Depotflächen (1998);
- Porsche: 1,75 Mio. Euro an die Leipziger Nikolaikirche für die Restaurierung der Ladegast-Orgel (2002);
- Werner Otto: 1,5 Mio. Euro für den Wiederaufbau der Potsdamer Garnisonkirche (2002);
- Meister-Leisten Schulte: 1 Mio. Euro Sachspende an die Flutopfer in Deutschland für Fußböden für 1500 Wohnungen (2002).

Was können wir aus dieser Auflistung lernen? Auffällig ist die Investition in Stein und Boden, das heißt grosse Spenden werden bevorzugt für bleibende Werte gegeben. Wichtig scheint auch die Möglichkeit, sich profilieren zu können. Gerade Universitäten und bedeutende Kulturstätten gehören zu den bevorzugten Förderobjekten. Hier liegt wahrscheinlich eine der grössten Herausforderungen für das Fundraising: Know-how und Beziehungen aufzubauen für ein neues Mäzenatentum, zu lernen, wie man mögliche Grossspender dazu bringt, ebenso grosszügig zu sein wie amerikanische Milliardäre.

7.2.4. Das Projekt darstellen – aber wie?

Sie beschäftigen sich mit der Mittelbeschaffung für Ihre Organisation oder ein spezielles Projekt. Wie stellen Sie dieses Projekt dar? Dafür gibt es viele Wege, aber nur einer ist richtig: der spenderorientierte. Aufgabe Ihrer Organisation wird immer dieselbe bleiben – hier aber kommt es darauf an, sie an den potenziellen Spender zu «verkaufen».

Praxis-Beispiel: Integration von Jugendlichen

Eine NPO betreut ein Heim für Jugendliche, die nicht mit ihren Eltern leben können. Das Haus ist 200 Jahre alt und bedarf weit reichender Renovierungsarbeiten.

Ein nichtspenderorientierter Brief mit der Bitte um Unterstützung könnte so aussehen: «Renovation vom zweiten Stockwerk mit Bastelraum, Büros und Toiletten, neue Möbel und Beleuchtung für einige Räume. Dichtung vom Dach und Beseitigung der bereits aufgetretenen Wasserschäden.»

Hingegen könnte ein spenderorientierter Brief wie folgt formuliert sein: «Renovation von neuen Räumen für Jugendliche an der Schwelle zum Erwachsenenalter. Sie bereiten sich auf die Lehre vor, damit sie später produktive, selbstständige MitbürgerInnen werden.» In diesem Brief wurden die unpopulären Kosten in den Projektvorschlag aufgenommen, aber sie waren in den grösseren Zusammenhang eingefügt und dienten dem Ziel der Integration von Jugendlichen, die stark gefährdet waren.

Praxis-Beispiel: Mobility-Programm

Wenn Sie um 50 000 Franken für den Betrieb eines Minibusses für Behinderte bitten, scheint dies vielleicht viel. Wenn Sie diese Kosten aber auf die tausend Behinderten hochrechnen, die dadurch im Laufe des Jahres mobil sind, so werden die Kosten vernünftig: fünfzig Franken für jede Fahrt. Scheint auch dies noch zu viel? Bringen Sie ins Spiel, dass ein Minibus eine Lebensdauer von zehn Jahren hat.

Sie sollten das Wort Minibus wohl erwähnen, die Bedeutung aber auf die Mobilität der Behinderten legen. Es geht um ein Mobilitätsprogramm und nicht einfach um den Kauf und Unterhalt eines Minibusses. Der Bus ist nur ein Mittel zum Zweck. Wenn Sie noch weiter aufbrechen wollen, berechnen Sie die Kilometerkosten.

Sie können auch mit dem Negativaspekt im Sinne von «Ohne unseren Minibus müssten wir fünfzig Menschen sagen, dass sie zu Hause bleiben müssen» arbeiten.

7.2.5. Das Dankeschön – bedarf es eines Gegenwertes?

Die meisten SpenderInnen geben aus altruistischen Motiven – aber manchmal hilft es, den Entscheidungsprozess zu beeinflussen, wenn der Spender einen Gegenwert, eine «Belohnung», erhält, die ihm Freude macht oder die sein Ansehen hebt.

Es gibt unzählige Gebäude, die nach ihrem grosszügigen Spender benannt sind, unzählige Tafeln, die den Namen eines Menschen verewigen. Andere SpenderInnen hingegen wollen unbedingt vermeiden, dass ihr Name erscheint. Was können Sie tun? Ganz einfach anfragen und für den Fall, dass ein Gegenwert gewünscht wird, schon vorbereitet sein. Je nach Ihren Möglichkeiten könnten Sie den Namen des Spenders an Gebäuden, Räumen, Geräten, auf und in Büchern, Jahresberichten und anderen Veröffentlichungen anbieten. Auch können Sie Projekte nach dem Spender benennen: zum Beispiel «Meyer-Mobility-Programm».

Viele SpenderInnen möchten nicht den eigenen Namen unsterblich machen, sondern die Erinnerung an einen geliebten Menschen. So wurde beispielsweise eine grosse Stiftung von wohlhabenden Eltern gegründet, deren Sohn jung starb. Er liebte Musik und Kultur. Sein Name erscheint auf unzähligen Plakaten und Programmen für kulturelle Veranstaltungen. Seine Mutter sagt: «Jedes Mal, wenn ich seinen Namen auf einem Plakat sehe, denke ich, wie er sich freuen würde, dass er es möglich macht, dass so viele junge Künstler eine Chance bekommen.»

Tipp Vergessen Sie nie die einfachen Dankeschöns: Zeichnungen, Briefe von Kindern oder anderen, denen geholfen wurde.

Eines Dankeschöns bedarf es auf jeden Fall. Hier einige Beispiele:

- Für einen Spender des «Mobility-Programms für behinderte Menschen» strickten die Betroffenen eine Patchworkdecke. Jeder machte ein Quadrat und alle setzten die Decke zusammen – eine Decke, die den Spender fast zu Tränen rührte und ihn sicherlich mehr beglückte als sein Name auf dem Bus.
- Eine Theatergruppe verschenkte Eintrittskarten an SpenderInnen – Plätze, die sonst vielleicht frei geblieben wären.
- Ein anderes Theater lud kurz vor Beginn der Abend-Vorstellung zu einer privaten Führung hinter den Kulissen ein. Dabei konnte man gleich einige dringend nötige Reparaturen zeigen.
- Ein Kammerorchester versandte ein Foto und ein Programm, signiert und mit einem persönlichen Wort von jedem Orchestermitglied.
- Dieselbe Gruppe brachte einem Grossspender ein Ständchen (Folge: eine neue, grosse Spende).
- Eine Umweltgruppe pflanzte Bäume und versandte ein Zertifikat für jeden Spender.

Sie sollten nicht vergessen, eine Liste der erbrachten «Gegenleistungen» anzulegen, und versuchen, eine Struktur zu erarbeiten. Unterscheidet sich beispielsweise das Dankeschön für eine 10000 Franken-Spende wesentlich von der für 5000 Franken? Wie sieht Ihre Liste aus, verglichen mit anderen Organisationen? Vielleicht kommen Ihnen derartige Überlegungen zu kommerziell vor, aber vergessen Sie nicht, dass es nur wenige GrossspenderInnen gibt. Sie verkehren oft in den gleichen Kreisen und könnten untereinander darüber sprechen.

Die definitive Frage …

Für viele Gebiete des Fundraising ist es verhältnismässig einfach, Ratschläge zu geben, weil eigene Erfahrung und Gespräche mit Kollegen zusammen mit theoretischem Wissen sehr gute, praktische Handlungsanleitungen darstellen.

Bei den GrossspenderInnen ist das anders. Dieser letzte und wichtigste Schritt auf der theoretischen Spendenleiter ist bei uns noch Neuland. Ich habe unzählige amerikanische Bücher gelesen, wie man GrossspenderInnen behandelt und besonders, wie der «Ask-Vorgang» erfolgt – der Moment, in dem man sagen sollte: «Können Sie uns für dieses Projekt 100 000 Franken geben?»

Wir hatten in Kleingruppen diesen Moment vorbereitet, Informationen über die SpenderInnen gesammelt, geeignete Partner gesucht, sie gecoacht und mit Rollenspielen vorbereitet. Und ich begleitete sogar Persönlichkeiten (Professoren, Dirigenten, Regisseure) und erlebte, wie diese im entscheidenden Moment die 100 000-Franken-Frage nicht stellten, weil sie der Mut verliess. Andererseits lernte ich «Naturtalente» kennen, Menschen, die unbekümmert nach Geld fragen (schliesslich ist es nicht für mich, sondern für die gute Sache).

Mein Fazit ist: Man muss sich umfassend vorbereiten, versuchen, alle Eventualitäten vorher durchzusprechen, und doch akzeptieren, dass das entscheidende Gespräch oft nicht so läuft, wie man es sich vorgestellt hat. Wichtig ist: Wenn das Umfeld nicht stimmt, ist es besser, wieder unverrichteter Dinge zu gehen, als zu fragen und ein «Nein» zu hören. Dann ist dieser Kontakt, diese Chance auf eine Grossspende, endgültig ausgebrannt.

Haben Sie bedacht ...

- Sind Grossspenden für Ihre NPO geeignet?
- Haben Sie Gruppensitzungen organisiert?
- Beachten Sie den Leitsatz «Die richtige Person fragt den richtigen Spender zum richtigen Zeitpunkt um den richtigen Betrag»?
- Arbeiten Sie spenderorientiert?
- Haben Sie die «Gegenleistungen» organisiert und strukturiert?
- Schreiben Sie nach jedem Kontakt mit einem Grossspender einen Bericht, der harte Fakten, aber auch Gefühle und subjektive Wahrnehmungen beschreibt?

7.3. Fundraising im Internet – online dabei sein

7.3.1. Sie haben auch eine Website – so what?

Die Websites der NPOs unterscheiden sich in Attraktivität, Informationsgehalt und Spendernutzen stark voneinander. Die Frage stellt sich für viele, wie relevant das Medium in der Kommunikation mit dem Spender überhaupt ist. Das Internet als dominantes und isoliertes Instrument funktioniert in den wenigsten Fällen. Sein Potenzial steckt in seiner Rolle als komplementäres und in den Kommunikationsmix integriertes Nutzungsmedium.

Internet als Medium

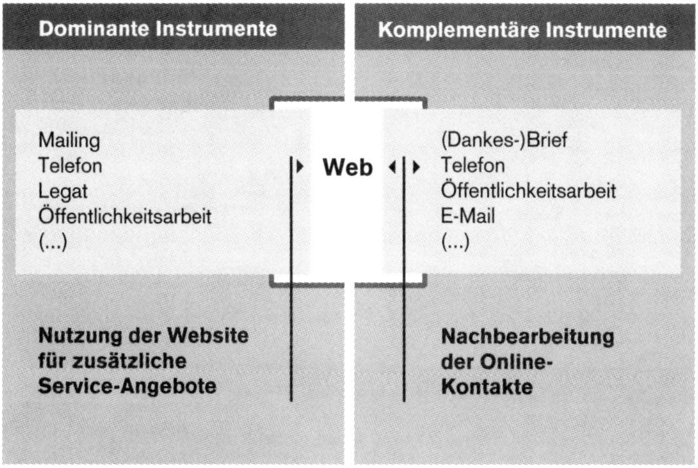

Wir reden meist vom Internet als Fundraising-Instrument. Doch in erster Linie ist das Internet eine Technologie-Plattform und steht als solche in Wirklichkeit nicht in Konkurrenz zu den anderen Fundraising-Instrumenten, sondern ist für die gängigen Fundraising-Instrumente nutzbar.

Die reine Präsenz im Internet wird Ihnen wohl kaum einen zusätzlichen Spenderfranken bringen, ob direkt oder indirekt. Wichtig ist, dass sich Ihre Website entwickelt. Und zwar von der Porträt- zur Service-Site:

Die Porträt-Site

Die Organisation beschränkt sich auf vorhandene Inhalte in den bisherigen Medien und stellt diese online mehr oder weniger identisch im Internet dar. Die Organisation führt die Website, weil «man» dies halt heutzutage tut. Der zufällige Besucher mag registrieren, dass es die Organisation gibt und welchen Sinn und Zweck sie erfüllt. Interaktionsmöglichkeiten beschränken sich auf die Bestellung einer Broschüre oder des Jahresberichtes.

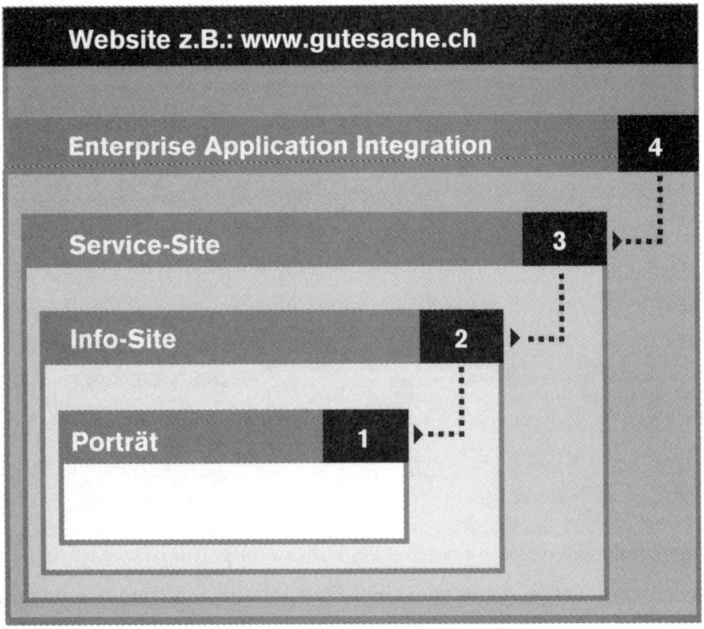

Die Info- und Service-Site

Die Organisation geht einen Schritt weiter. Sie informiert über aktuelle Projekte, platziert Bilder, PDF-Dokumente und Links zu erweiterten Angeboten. Auf der Website werden weniger die Strukturen der NPO abgebildet, als aktuelle Inhalte über Projekte und Kampagnen sowie eigene und themenverwandte Veranstaltungen publiziert.

Die Vorteile des Internets als Interaktionskanal werden genutzt. Ein klarer Mehrwert für Mitglieder und Spender ist erkennbar. Der Benutzer kann Anmeldungen, Bestellungen und Spendeversprechen abgeben und – falls er dies möchte – auch zahlen. Die Chancen stehen gut, dass er auch ein weiteres Mal auf die Website kommt.

Die Verbindung mit lokalen Anwendungen

Die Entwicklung, dass ganze betriebswirtschaftliche Abläufe entweder durch programmierte Anbindungen zu lokalen Applikationen (zum Beispiel Spender-Datenbank, Projektadministration) oder als vollständig webbasierte Applikation ins Internet verlagert werden, ist bei den grossen NPOs klar erkennbar. Diese Tür steht aber durchaus auch kleineren Organisationen offen und bringt grosse Vorteile in der effizienten Spenderbetreuung. Man redet in der Fachsprache von der so genannten Enterprise-Application-Integration oder von ERP-(Enterprise-Resource-Planning-)Modellen.

Die Online-Spende: Sie kommt auf leisen Sohlen

Im Fundraising hat das Internet bei den meisten NPOs einen geringen Stellenwert, da erste Gehversuche missglückt sind. Eine Ignoranz ist jedoch fatal. Bereits heute zeigt sich, dass es sehr wichtig ist, über den vom Spender gewünschten Kanal zu kommunizieren. Und somit sicherlich auch übers Internet. Auf manch einer Website leuchtet dem interessierten Besucher allerdings noch nicht so ganz ein, warum er jetzt plötzlich online spenden sollte. Ist die Online-Spende mit einer originellen Idee, einem Zusatznutzen oder einer Annehmlichkeit verknüpft, steigen die Chancen, dass Online-Spenden verbucht werden können. Zudem funktioniert sie nur dort wirklich, wo die Organisation die damit verbundenen Abläufe technisch und organisatorisch im Griff hat. Die Online-Spenden werden anteilsmässig von Jahr zu Jahr zunehmen, jedoch nicht in spektakulärem Ausmass, solange im Internet kein wirklicher Zahlungsstandard herrscht.

Wie sich der Spender im Internet verhält:
Flirten ist o.k. – doch bitte keine feste Bindung

Eine soziodemografische Betrachtung in Bezug auf die Internet-Nutzung hilft nur bedingt: Es gibt die siebzigjährige Grossmutter auf dem Lande, die täglich im Internet ist und E-Mails mit ihren Enkeln in der Ferne austauscht, und es gibt den jungen Internet-Gesättigten in der Stadt. Relevant sind Verhaltensmuster: Wie nutzt mein Spender das Internet, und wie verhält er sich – falls er da mal ankommen sollte – auf meiner Website? Wahrscheinlich ist: Er wird höchstwahrscheinlich nicht online spenden. Warum sollte er? Er wird die Spende – wie alle seine anderen Zahlungen – auf dem klassischen Weg erledigen. Der Internet-Benutzer hält nicht sehr viel von Treue, vor allem, wenn er enttäuscht wird. Bietet eine Website nicht rasch und einfach die erhoffte Information, einen konkreten Nutzen, eine einfache Funktonalität oder ist sie grafisch unattraktiv, schwindet die Liebe rasch.

Das Angebot der Organisation:
«Du willst spenden? Dann streng dich gefälligst etwas an!»

Betrachtet man die Funktionalität der angebotenen Spendemöglichkeiten, müsste manch eine Organisation ehrlicherweise auf die Website schreiben: «Du willst spenden? Dann streng dich gefälligst an!» Meist wird der Spender genötigt, einen Einzahlungsschein zu bestellen. Das macht kein Mensch! Bei der Online-Spende muss er oft eine Vielzahl von Informationen eingeben, und nicht selten erscheinen Fehlermeldungen. Die Abwicklung ist undurchsichtig, oder er muss sogar die Website für die Zahlung verlassen, um die Transaktion vorzunehmen. Oder anders ausgedrückt: Es ist noch viel zu mühsam!

Die Tücken des Internets: Was ist denn so anders?

Soll Ihre Website ein Bestandteil des Instrumentenmix werden, mit welchem Sie für Ihre Organisation Fundraising betreiben, beachten Sie bitte folgende Merkmale:

- *Es ist ein schnelles Medium:* Inhalte können innert Minuten aufbereitet und publiziert werden. E-Mail-Newsletter, welche sinnvollerweise auf Inhalte der Website verweisen, erreichen innert Sekunden tausende von Adressaten. Über 90 Prozent der E-Mails werden innert zwei Tagen abgerufen. In wenigen Sekunden gehen Bestellungen und Anfragen auf Grund eines E-Mail-Newsletters bei Ihnen ein.
- *Es tangiert Ihre ganze Organisation:* Durch Publikationen von E-Mail-Adressen sind meist die Mitarbeiter und zum Teil sogar Stiftungsräte, Vorstandsmitglieder, Fachgruppen und so weiter quasi 24 Stunden auf Abruf, wenn ihre E-Mail-Adresse publiziert wird. So können Internet-Benutzer jederzeit mit Ihnen in Kontakt treten und erwarten auch eine rasche Reaktion.
- *Es produziert eine Unmenge an Informationen:* Rein durch das Surfen auf der Website und erst recht bei einer allfälligen Reaktion/Interaktion der Website-Besucher fallen sehr viele Daten an, oft entsteht auch ein Datensalat. Die Analyse und Weiterverarbeitung ist tückisch.
- *Es setzt rasche interne Abläufe voraus:* Durch eine Anmeldung, Bestellung oder Spende müssen die Informationen rasch intern verarbeitet und die Erwartungen des Benutzers innert Kürze befriedigt werden können. Usanz sind zwei Arbeitstage.
- *Es ist ein «passives» Medium:* In der Marketingsprache redet man vom Pull-Prinzip. Während die meisten anderen Fundraising-Instrumente nach dem Push-Prinzip funktionieren: Es bedeutet, dass der Spender aktiv auf die Website oder auf die Unterseiten seines Interesses muss, während er sich sonst, zum

Beispiel beim Mailing oder am Telefon, mit der Organisation und ihrer Botschaft zwingend auseinander setzen muss.

- *Der Spender misstraut ihm:* Nirgends ist wohl so viel an Informationsmüll verfügbar wie im Internet. Viren, nicht funktionierende Links und Fehlermeldungen im Bestell- oder Spendeablauf verunsichern den Spender zusätzlich. Datenschutz- und Datensicherheitslücken tragen auch nicht gerade zur Vertrauensbildung bei.
- *Und trotzdem:* Setzen Sie das Internet für Ihre Fundraising-Aktivitäten ein. Und berücksichtigen Sie diese Aspekte in einer konkreten Umsetzung!

Die Schlussfolgerung bei einem Misserfolg, wenn Online-Fundraising einbezogen wurde, war bisher meist: «Das Internet eignet sich überhaupt nicht fürs Fundraising, wenden wir uns wieder den klassischen Kanälen zu.» Selbst viele professionelle Fundraising-Berater vertreten diese Ansicht. Dies ist falsch.

Es gilt, das Medium unter den meist rein technologischen Merkmalen zu begreifen, richtig einzuschätzen und richtig einzusetzen.

7.3.2. An die Arbeit – so verbessern Sie Ihren Web-Auftritt

Der erste Schritt zur Service-Website: Wie fange ich an?
Möchten Sie Ihren Online-Auftritt in Richtung Service-Site verbessern, beantworten Sie für Ihre Organisation zuerst folgende Fragen:

- Welche Inhalte meiner Organisation ändern sich rasch?
- Welche aktuellen Inhalte sind für den treuen Spender interessant, wenn er sie auf dem Internet vorfindet?

- Wie stelle ich diese Inhalte dar?
- Welchen Mehrwert erhält der Spender konkret?
- Was sind für den Spender die Vorteile gegenüber den anderen Kanälen?
- Welche anderen Kanäle stehen in Abhängigkeit oder nutze ich für die Promotion und die Nachbearbeitung des Online-Kontaktes?
- Können andere Kanäle sinnvoll auf die Website zugreifen?
- Wie gelangen die Benutzerdaten in die Spender-Datenbank?
- Wie kommuniziere ich danach mit den Website-Benutzern?

Die nächsten Schritte: die Konzeptphase

Erstellen Sie ein Struktogramm, einen «Grundriss-Plan» in Form einer Baumstruktur: Darauf sollte klar ersichtlich sein, welche Hauptrubriken Ihre Website hat und welche Unterseiten folgen. Ein Kurzbeschrieb der Seiteninhalte ist hilfreich.

Tipp

Weniger ist oft mehr! Konzentrieren Sie sich auf maximal fünf Hauptrubriken in einer Primärnavigation!

Genauso wichtig ist ein Massnahmenplan, welcher die verschiedenen Projektphasen aufzeigt und die *to do's* – interne und externe – klärt.

Bei einer gut entwickelten Service-Site sollte zudem der Kommunikationsfluss mit dem Benutzer genau aufgezeigt werden, und zwar von der Aufarbeitung des Inhaltes durch Ihre Organisation bis zum möglichen Spendeakt durch den Benutzer (Grafik S. 144):

Tipp

Bei jedem Klick kann der potenzielle Spender «abspringen», daher so wenige Klicks wie möglich! Und führen Sie den Spender mit starker Hand von Seite zu Seite!

Kommunikationsfluss für den Benutzer

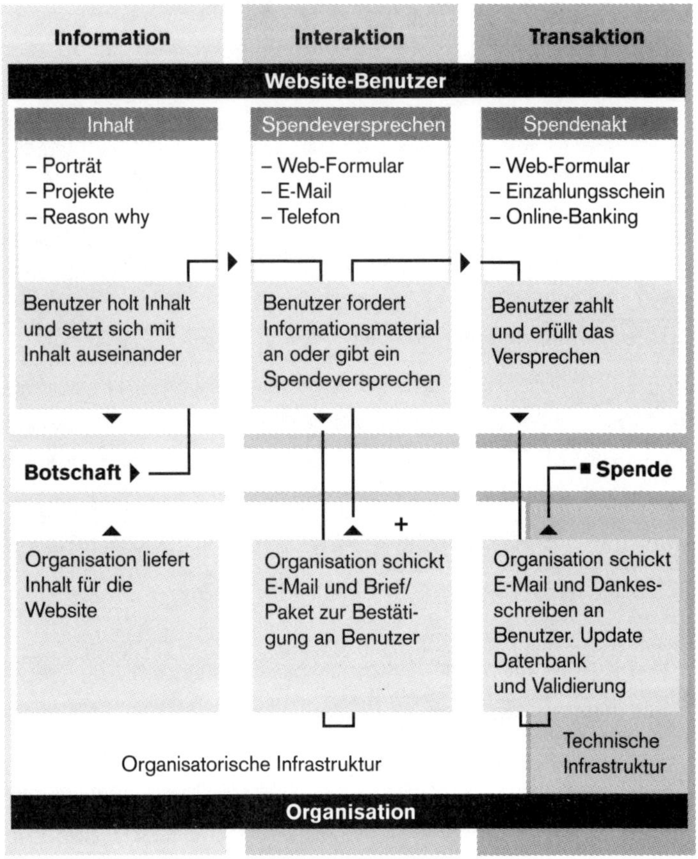

Wenn Sie die Konzeptarbeit hinter sich haben und die Inhalte aufbereitet sind, lassen Sie in einem Testverzeichnis die Inhalte durch ihren Website-Betreuer publizieren. Beantworten Sie nachher kritisch folgende Fragen:

- Versteht auch der zufällige Besucher unsere Botschaft?
- Versteht der potenzielle Spender, warum wir seine Hilfe brauchen?
- Versteht der Benutzer, was er genau tun sollte?

Aber Sie sollten bedenken:

- Der Benutzer wird nicht beim ersten Besuch zum Spender!
- Wenn er zum Spender wird, spendet er vermutlich trotzdem meist noch mit dem gängigen Einzahlungsschein!
- Der bisherige Spender, der auf Ihr Online-Angebot zurückgreift, wird in Zukunft eher wieder spenden, wenn er von Ihnen – auch im Internet – gut betreut wird!

Die Hürden in der Realisation:
Was Sie auf dem Weg zur Service-Site hindern kann

Selbst wenn Sie eine schöne Website haben sollten, ist damit noch nicht gesagt, dass Sie damit Erfolg haben. Die folgende Aufstellung von möglichen «Stolpersteinen» soll Sie nicht an der Gestaltung einer Website hindern, aber doch mahnen, wie bei jeder ernsthaften Kommunikationstätigkeit den Folgeaufwand nicht zu unterschätzen.

Meist sind die ersten grossen Hürden organisationsintern zu bewältigen. Es fängt schon damit an, wer überhaupt verantwortlich ist für die Website. Sicherlich gehört sie nicht in die Hände des PC-Supporters. Es ist ein Kommunikationsmittel und auch ein ganzes Informationssystem, daher ist es klar die Aufgabe des Geschäftsführers, zumindest die Weichen richtig zu stellen.

Gehen wir davon aus, dass der Web-Auftritt grundsätzlich klar, übersichtlich und gestalterisch ansprechend ist, stellt sich als Nächstes die Frage, ob und wie die aktuellen Kommunikationsinhalte überhaupt mit einem vertretbaren Aufwand ins Internet kommen. Und dann sind wir wieder beim PC-Supporter. Oft verfügt dieser allerdings nur über ein Teilwissen bezüglich Webauftritte. Webdesigner, welche vielleicht den Erstauftritt realisiert haben, sind für unspektakuläre Updates wenig motiviert.

Tipp Sie müssen zumindest die dynamischen Inhalte der Website selbst bearbeiten können! Der Umweg über externe Web-Dienstleister ist längerfristig zu teuer und bedeutet Zeitverlust. Es gibt auf dem Markt brauchbare Redaktionssysteme, die das einfache autonome Aktualisieren ihrer Website ermöglichen, ohne dass Sie über Spezialwissen verfügen müssen. Vorsicht geboten ist allerdings bei zu proprietären Systemen und undurchsichtigen Lizenzverträgen!

Dann können technische Fehler auftreten oder organisatorische Abläufe nicht funktionieren, zum Beispiel landet die Anfrage auf dem falschen E-Mail-Konto oder sie kommt aus technischen Gründen gar nicht erst korrekt an. Sehr häufig funktioniert auch die Nachbearbeitung nicht.

Tipp Testen Sie sämtliche Kommunikationsflüsse auf der Website und in der Nachbearbeitung immer wieder aus. Verärgerte Website-Benutzer sind schlechte Spender!
Anfragen und Spendeversprechen müssen höchstens in zwei Arbeitstagen erledigt werden können. Die Kontakt-Daten gehören umgehend in die Spender-Datenbank!

Auch gute Konzeptarbeit garantiert nicht, dass die so genannte *usability* optimal ist; der Besucher versteht nicht wirklich, wie er sich da jetzt durchnavigieren muss, oder Inhalte sind widersprüchlich. Wie kriegen Sie das heraus? Fragen Sie eine Person Ihres Vertrauens, welche allerdings in dem Thema nicht sonderlich bewandert ist, als Testperson an. Wenn Sie merken, dass

- sie nicht wirklich versteht, worum es geht, sie sich aufregt, weil sie irgendwo nicht weiterkommt,
- enttäuscht ist, weil sie mehr erwartet hat,

- sich langweilt, weil sie den «Besuch» unattraktiv findet,
- sie genervt ist, weil Fehlermeldungen erscheinen,
- verunsichert ist, weil sie nicht weiss, was sie anklicken muss,

sollten Sie nochmals über die Bücher gehen. Das Schöne im Internet ist, dass Sie laufend Verbesserungen vornehmen können und nichts sakrosankt auf immer und ewig so bleiben muss, sondern rasch verändert werden kann.

Nächstes Problem: Niemand weiss von der Website, was tun? Von der Idee und der Umsetzung her funktionierende Online-Konzepte nützen nichts, wenn niemand davon weiss. Die Anmeldung in den Suchmaschinen und die Integration der Web-Adresse in den Adresskopf sämtlicher Printmedien gehört sicherlich zur Pflicht, reicht aber längst nicht. Banners auf Portalen sind teuer und die Klickraten tief. Die Chancen stehen allerdings gut, dass Portale für eine gute Idee auch mal Gratis-Banner-Platz zur Verfügung stellen.

Für kleinere Organisationen ist allerdings die clevere Verflechtung mit den anderen Kanälen oder die Platzierung ihrer Internet-Adresse auf thematisch verwandten Sites viel effektiver. Also: Beziehen Sie die anderen Instrumente konsequent ein, wie zum Beispiel:

- Mailing: «Melden Sie sich über unsere Website an!»
- Medienorientierung: «Die Merkblätter finden Sie auf der Website!»
- Telefon: «Das aktuelle Kursangebot finden Sie auf der Website – und auch bereits die Veranstaltungsdaten fürs nächste Jahr!»
- Mitglieder-Zeitschrift: «Weitere Informationen erhalten Sie über unseren regelmäßigen E-Mail-Newsletter!»

Das Wissen: Was muss ich wissen und können, wofür gibt es Fachleute und externe Dienstleister?
Sie müssen kein Programmierer sein! Viel besser ist, wenn Sie Ihre verfügbare Zeit dazu verwenden, die Internet-Inhalte zu bestimmen und die internen Abläufe zu klären:

Bereits während der Konzeptphase und vor allem für die Realisation ist es ratsam, mit einer Agentur zusammenzuarbeiten, welche die Komponenten Webdesign, Programmierung und Hosting (Service-Providing) unter einem Dach anbietet. Sobald ein Redaktionssystem eingesetzt wird, sind meist individuelle Installationen auf dem Web-Server notwendig. Der Service-Provider muss also gewährleisten können, dass diese Installationen bei ihm einwandfrei funktionieren. Kleinere Service-Provider sind tendenziell etwas teurer, doch individueller im Support.

Tipp Die Wahl einer Webagentur oder eines Service-Providers ist eine kleine Heirat! Holen Sie unbedingt mehrere Referenzen ein, wenn Sie auf der Suche nach einer Webagentur sind!

Jetzt sollten Sie auf Ihrer Website nur noch das leisten, was Sie sich von ihr versprechen – das Fulfillment. Als Fulfillment bezeichnet man die Erfüllung der auf der Website ausgelösten Erwartungshaltung gegenüber dem Benutzer. Wenn sich Ihr Mitglied oder Ihr Spender zum Beispiel zu einer Veranstaltung anmeldet, so sollte er
- eine Bestätigung auf der Website erhalten, sodass er das sichere Gefühl hat: «Ah, die Anmeldung hat funktioniert»;
- innert zwei Arbeitstagen eine Bestätigung im Briefkasten haben;
- und noch besser ist, wenn der Website-Besucher automatisch ein Bestätigungsmail mit den jeweiligen von ihm editierten Angaben erhält oder
- er seine Daten online einsehen und verändern kann.

Ist dies nicht gewährleistet, hinterlassen Sie eine gewisse Unsicherheit beim Benutzer. Das Vertrauen lässt nach, und die Wahrscheinlichkeit einer Spende nimmt ab.

Die Zeit: Wie viel Zeit muss ich investieren?
«Ich habe ganz andere Sorgen und es gibt viel Wichtigeres als unsere Website», werden Sie sich vielleicht sagen. Sicherlich ist die anfängliche Konzeptarbeit zeitintensiv. Entscheidend ist aber in erster Linie, dass Sie täglich dazulernen und Erfahrungen im Umgang mit dem Medium machen. Plötzlich merken Sie, dass Sie auch Zeit gewinnen können, weil Sie zum Beispiel bei telefonischen Anfragen sagen können: «Das Anmeldeformular erhalten Sie als PDF-Dokument auch im Internet», oder «Das Bild können Sie in druckfähiger Auflösung von unserer Website downloaden». Der physische Versand entfällt, ihre Administration wird entlastet.

Die Kosten: Wie teuer ist eine Website?
In wohl keinem anderen Kanal wird die Kosten-Bandbreite so gross sein, wie wenn Sie Offerten bei Webdienstleitern einholen. Die Lösung kann jedoch auch nicht mehr sein, dem Sohn des Vorstandsmitgliedes die Website zu überlassen, weil er doch so ein «Crack» und der Billigste ist. Allerdings gibt es auch viele Agenturen, die ihren Kreativkick teuer verkaufen und dieser für ein Nutzungsmedium wie das Internet nicht wirklich argumentierbar ist. Sollte Sie eine grosse Agentur als Prestigekunden gewinnen wollen, werden Sie dies – als finanziell uninteressanter Kunde – irgendwann zu spüren bekommen. Als Indikator für Ihre Bedürfnisse wäre zu empfehlen, dass Sie folgende Fragen für sich zu beantworten suchen und als Grundlage für das Minimal-Briefing an die Agentur verwenden:

- Was ist die Zielsetzung des Auftrittes?
- Wer ist die Zielgruppe?

- Welche Inhalte sind vorgesehen?
- Wie gross ist der Textumfang?
- Wie gross ist der Internet-Seiten-Umfang?
- Wie viele Navigationsebenen sind vorgesehen?
- Was liegen für gestalterische Vorgaben/Vorstellungen vor?
- Liegt Bildmaterial vor? Muss evtl. Bildmaterial erarbeitet werden?
- In welcher redaktionellen Qualität werden die Texte geliefert?
- Welche Spezial-Module sind gewünscht (zum Beispiel Spende-Modul)?
- Welche Inhalte sind statisch, welche Inhalte dynamisch?
- Welcher Budgetrahmen besteht für die Initialphase?

Hilfreich ist, wenn Sie bereits einen Struktogramm-Vorschlag (siehe Seite 142) erarbeitet haben und einen ersten textlichen Entwurf der vorgesehenen Inhalte und verfügbares Grafik- und Bildmaterial mitliefern.

Budget-Leitfaden für einen Internet-Auftritt bis zur Online-Schaltung

Projekt-dauer	Projektarbeiten	Interner Aufwand	Aufwand der Agentur
2 Wochen	Projektplanung: Koordination der Abläufe, Besprechungen	½ Tag	½–1 Tag
2 Wochen	Erste Konzeptionsphase: Erstellung von Struktogramm, Inhaltsarchitektur und Layouts	2–3 Tage	1½–2 Tage
2 Wochen	Zweite Konzeptionsphase: Redaktion der Texte,	1–5 Tage	2–5 Tage

	Erarbeiten/Auswahl Bildmaterial, Programmierung eines Prototyps		
2 Wochen	Erste Realisationsphase: Programmierung, Abfüllen der Seiten mit Text/Bild, Aufschalten einer Betaversion	½ Tag	2–5 Tage
2 Wochen	Zweite Realisationsphase: Austesten sämtlicher Formulare und Abläufe, Anpassungen auf Grund Feedback	1–2 Tage	1–2 Tage
	Totalaufwand bis zur Online-Schaltung	ab 5 Tagen	ab 7 Tagen
	Total in Fr. (Kalkulationsansatz intern Fr. 400.–/ extern Fr. 1200.–)	ab 2000.–	ab 8000.–

In der Konzeptionsphase hängen die externen Kosten sehr stark von den vorhandenen Ressourcen Ihrer Organisation ab. Von der ersten Besprechung bis zur Online-Schaltung können die externen Kosten (bei angenommenem Agentur-Ansatz von 1200 Franken pro Projekttag) durchaus unter 10000 Franken liegen. Budgets über 20000 Franken müssen klar argumentiert werden können, zum Beispiel durch

- Anbindung von Datenbanken,
- Programmierung sehr komplexer Navigationen,
- Umsetzung sehr hoher Webdesign-Ansprüche,
- Integration von komplexen Redaktionssystemen,
- sehr hohen Seitenumfang (zum Beispiel mehrsprachige Sites),
- Drittaufträge an Texter und Fotografen,
- Programmierung sehr individueller Ansprüche.

Tipp Handeln Sie Pauschalen aus! Geben Sie Budgets bei grösseren Beträgen nur phasenweise frei!

Budget-Leitfaden für die Weiterentwicklung zur Service-Site

Projekt-dauer	Projektarbeiten	Interner Aufwand	Aufwand der Agentur
bis 1 Jahr	1. Betreuungsphase: Aktualisierung statischer Seiten, Erweiterungen/ Anpassungen	1–3 Tage	1–5 Tage
Folgejahre	2. Betreuungsphase: (Folgejahre): Erweiterung des Online-Angebotes, programmtechnische Anpassungen, Grafikarbeiten	1–2 Tage	1–5 Tage
	Totalaufwand in Fr.	ab 1.Tag ab 400.–	ab 1.Tag ab 1 200.–

Die Erfahrung zeigt, dass ein Website-Projekt die Organisation nahezu in gleichem Masse zeitlich belastet wie die Agentur. Durch gute interne Konzeptarbeit und sauberes Aufbereiten von Textmaterial können allerdings massiv Agenturkosten gespart werden.

Die Experimente: Wo ist Vorsicht geboten?

- *Neuspendergewinnung:* In der Neuspendergewinnung sieht es für kleinere Organisationen schlecht aus. Online-Kampagnen sind teuer und bringen bislang relativ schlechte Resultate. Zufallsspenden sind selten.
- *Aufwändige Animationen:* Der Trend geht in Richtung Klarheit

und Übersichtlichkeit. Selbstverwirklichungen von Webdesignern bringen bezüglich Spendernutzen und Spenderbindung nichts und ärgern den Benutzer sogar, zumindest bei seinem zweiten Besuch.

- *Lizenz-Content-Management-Systeme:* CMS-Systeme verfügen über weiterführende Funktionalitäten eines Redaktionssystems, sind meist komplizierter in der Anwendung und auf Grund wiederkehrender Lizenzgebühren teuer.

7.3.3. Die speziellen Chancen kleinerer NPOs im Umgang mit dem Internet

Multi-Channel-Fundraising
Mit dem Verbinden und Verflechten der verschiedenen Kanäle haben gerade die grossen Organisationen ihre liebe Mühe. Oft sind viele unterschiedliche Dienstleister involviert, und eine übergeordnete Datenintegration funktioniert nicht. Die kleine Organisation kann viel besser und schneller mehrere Kanäle miteinander verknüpfen und so auch das Internet integrieren.

Tiefe laufende Kosten
Ist der Internet-Auftritt so weit entwickelt, dass die Organisation die Aktualisierung selbst vornehmen und auch E-Mail-Newsletters versenden kann, die internen Abläufe funktionieren und die Adress-Datenbank die Informationen verarbeiten kann, entstehen – ausser dem Hosting – keine externen Kosten mehr.

Rasche Bearbeitung nach Interessenlagen
Die internen Informationsflüsse sind bei kleinen Organisationen einfacher, deshalb können sehr rasch Fundraising-Inhalte über die

Website oder den E-Mail-Newsletter publiziert werden. Beim E-Mail-Newsletter besteht zudem die Möglichkeit, Unterkategorien je nach Spenderstatus oder Interessengebiet zu führen.

Direktere Spenderkommunikation

Salopp ausgedrückt, haben Sie im Internet genauso viel Platz für Ihre Kommunikation zur Verfügung wie eine grosse Organisation. Sie können auch den identischen Professionalisierungsgrad auf Ihrer Website erreichen. Eine grosse NPO kann sicherlich mehr in die Promotion der Website oder in das Webdesign investieren und generiert durch ihre Bekanntheit mehr Besucher, doch nimmt auch die Komplexität der notwendigen internen Abläufe zu, die für die Spenderbindung elementar sind. Die interaktive Kommunikation mit den notwendigen organisatorischen Abläufen ist für eine kleine Organisation viel besser in den Griff zu bekommen.

Der E-Mail-Newsletter

Der E-Mail-Newsletter ist nicht zu verwechseln mit dem Spam-Mail, dem ungebetenen Versand von Werbe- und wohl in Zukunft auch Fundraising-Mails. Für einen E-Mail-Newsletter meldet sich Ihr Spender oder Ihr Mitglied an, weil er an Information und Service Ihrer Organisation interessiert ist. Interessant ist der E-Mail-Newsletter vor allem, weil er

- in den laufenden Kosten sehr billig ist,
- Ihre Organisation sehr schnell die Spender erreicht,
- wenig interne personelle Ressourcen bindet,
- Besucher auf der Website generiert,
- kurze Planungsphasen braucht, da keine externen Dienstleister involviert sein müssen.

Beim inhaltlichen Aufbau eines E-Mail-Newsletter sollten Sie beachten, dass Sie

- nur kurze thematische Häppchen servieren, die dann mit Verlinkung zur Website zu erweiterten Informationen führen;
- so genannte HTML-Mails versenden, das sind Mails, die eine Bildintegration möglich machen. Sie haben eine doppelt so hohe Aufmerksamkeit wie bei normalen Textmails;
- automatische An- und Abmeldungen zur Verfügung stellen;
- über die notwendige Autonomie in der Aktualisierung verfügen.

Homepage einer kleinen NPO, welche die Website mit einem Redaktionssystem selbst aktualisiert.

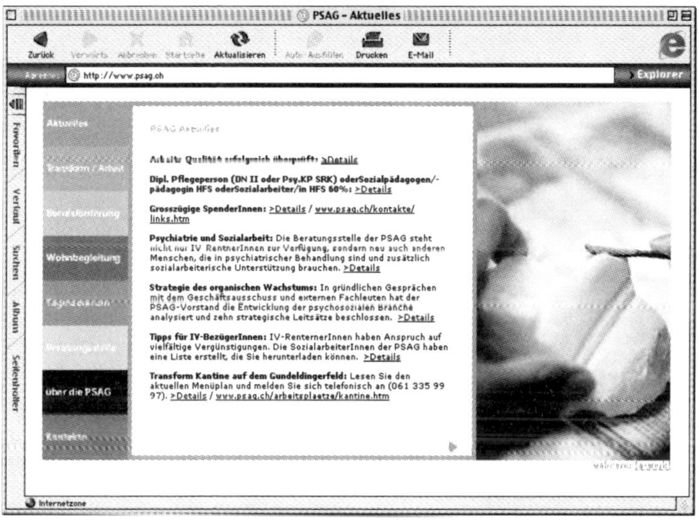

Folgende Inhalte sollten Sie einfach und rasch jederzeit auf Ihrer Website verändern können:

- News auf der Homepage ,
- aktuelle Projekte,
- Veranstaltungen,
- Bilder auf HTML-Seiten,

- PDF-Dokumente,
- Adress-Verzeichnisse,
- Link-Verzeichnisse,
- Medienberichte.

Texteinträge sind kurz zu halten. Der Benutzer liest keine langen Texte im Internet. Ausführlichere Texte sollten als PDF-Dokument zur Verfügung stehen.

7.3.4. Die Analyse: Wie messe ich den Erfolg unseres Internet-Auftrittes?

Die Online-Statistik gehört zum Standard eines Website-Hostings, daraus lesen Sie Grundtendenzen in Form von Besucherzahlen, Sie können auch einzelne Seiten analysieren und Ihre Website darauf ausrichten. Sehr interessant ist die Angabe der Internet-Adressen, von welchen andere Benutzer auf Ihre Seite kommen.

Wenn Sie Ihre Website aktuell halten und optimal in Ihre Kommunikation und Ihr Fundraising integrieren, werden Sie klare absolute Besucheranstiege von Jahr zu Jahr feststellen. «Ausreisser» sind meist bei Radio/TV-Berichterstattungen und beim Versand von E-Mail-Newsletters festzustellen, das heisst, die Frequenzen sind dann überdurchschnittlich. Bestellungen und Anmeldungen können ohne weiteres höher sein als die Eingänge über andere Kanäle. Nicht so bei den Spendeneinnahmen. Der Akt der Zahlung wird noch nicht über das Internet getätigt. Hier sollten Sie analysieren, ob die gesamten Spendeneinnahmen seit einer integralen Nutzung des Internets zugenommen haben oder nicht.

Tipp

Nebst der quantitativen sollte die qualitative Analyse nicht fehlen. Holen Sie User-Feedbacks ein!

Ein kleines Beispiel kanalübergreifender Fundraisings

Das Basel Lighthouse hatte die Idee, benötigte Gegenstände für ihr Heim im Internet zu publizieren. In einem Mailing an bisherige Spender wird die Neuausrichtung kommuniziert. Die bisherigen Spender können direkt mit dem beiliegenden Einzahlungsschein spenden oder aus einem Online-Katalog Gegenstände auswählen, spenden und zahlen. Die interessierte Öffentlichkeit erfährt über Zeitung/Radio vom Umzug. Die Online-Objekt-Spende wird als originelle Spendemöglichkeit realisiert.

Ausschnitt aus der Homepage des Basel Lighthouse

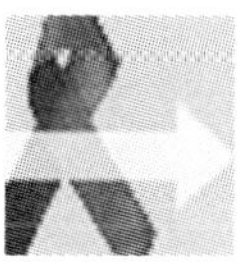

«Gutes tun»
Was wir für das neue Lighthouse noch brauchen und wie Sie uns dabei helfen können!

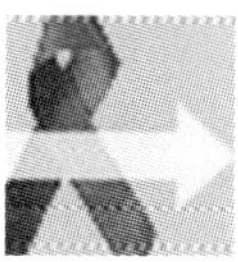

«So viel Selbstständigkeit wie möglich – soviel Hilfeleistung wie nötig»
Dies ist ein wichtiger Grundsatz in unserer Betreuung. Das neue Grobkonzept zum Download.

«Unseren BewohnerInnen ein gutes Zuhause bieten»
Bewährtes beibehalten, sich den neuen Umständen anpassen. So sehen wir unser neues Lighthouse.

«Das Basel Lighthouse im Wandel»
Über die Neuausrichtung unseres Pflegeheims und über den aktuellen Stand der Umbauarbeiten.

Auch wenn auf der folgenden Seite der Fundraising-Grundsatz «Menschen geben lieber Geld für Menschen als für Objekte!» vielleicht etwas verletzt wurde, war eine praktikable Abwicklung der Idee, Nützliches und Wichtiges an Gegenständen für das neue Basel Lighthouse zu sammeln, nur dank dem Internet möglich.

Objekt-Spende-Seite mit Angaben über Spende-Status

7.4. Der einmalige Auftritt – Veranstaltungen oder Events

7.4.1. Events – alles einplanen

Warum träumen alle NPOs von Events? Früher nannte man sie Veranstaltungen, Gönner-Veranstaltungen, Werbeereignisse ... Man erhofft sich zwei wichtige Effekte: Zum einen können sie helfen, weitere ideelle Förderer zu gewinnen, die Sie dann auch materiell unterstützen, und die bestehenden stärker an Sie zu binden. Zum anderen sind sie dazu gedacht, die Öffentlichkeit und besonders die Medien über Ihre Aktivitäten zu informieren. Medien reagieren nur, wenn es über Anlässe auch etwas zu berichten gibt ...

Für Events würde demnach der Idealfall wie folgt aussehen: Sie führen eine Veranstaltung durch, bei der die Freiwilligen die gesamte Arbeit übernehmen, und nehmen viel Geld ein. Ihre Organisation erscheint in allen Medien, wird bekannt und berühmt, Sponsoren zahlen Ihnen die Kosten, Sie können zahlreiche neue SpenderInnen rekrutieren ... Kurz, Sie haben alle Fliegen mit einer Klappe geschlagen.

Wenn Sie diesem Traum noch nachhängen, haben wir hier ein paar Erfahrungen weiterzugeben: Sie finden keine Sponsoren für den Event, die meiste Arbeit bleibt an Ihnen hängen, am Veranstaltungstag passiert irgendwo eine Katastrophe, und Ihre Organisation wird in keiner Zeitung erwähnt, der Event bringt nicht viel Geld ein – kurz, was schief gehen kann, geht schief (bei Veranstaltungen im Freien regnet es manchmal auch ...).

Events sollten strategisch geplant sein und in Ihre Kommunikations- und Fundraising-Strategie eingebettet sein. Einer der ersten Schritte ist die Definition Ihrer Ziele, denn man kann nur selten mehrere Ziele mit einer Veranstaltung erreichen.

Nachstehend finden Sie 21 Punkte, die Sie überdenken sollten:

1. Welchen Platz und Stellenwert hat die Veranstaltung in Ihrem Fundraising- und Kommunikationskonzept?
2. Schreiben Sie finanzielle und nichtfinanzielle Kriterien hierarchisch geordnet auf.
3. Listen Sie verschiedene Typen von Veranstaltungen auf: Welche passt am besten zu Ihrer NPO und dient der Zielerreichung? (Gehen Sie nicht andersherum vor: Wir wollen ein Galadiner veranstalten …)
4. Berücksichtigen Sie marketingorientierte Strategien: Welcher Event spricht unsere SpenderInnen und Sponsoren an?
5. Planen Sie umfassend und detailliert.
6. Vergessen Sie nicht: Ihr Anliegen ist für Sie zentral, aber für viele TeilnehmerInnen am Event nur von untergeordneter Bedeutung. Sie kommen, um sich zu amüsieren, gut zu essen oder Musik zu hören.
7. Jeder Event läuft sich mit der Zeit tot. Passen Sie sich an, und erneuern Sie laufend.
8. Alles was schief gehen kann, wird vielleicht schief laufen. Bereiten Sie Notlösungen vor.
9. Klären Sie das Datum genau ab: Was findet sonst noch statt?
10. Seien Sie auf interne und externe Spannungen vorbereitet.
11. Behalten Sie die Kosten im Auge, und führen Sie genau Buch.
12. Nehmen Sie sich genügend Zeit für die Preisgestaltung. Wie viel sind Besucher bereit zu zahlen?
13. Wollen Sie weiter im bekannten Marktsegment bleiben, oder wollen Sie versuchen, mit dem Event neue Bevölkerungsschichten anzusprechen?
14. Schaffen Sie mehrere Preiskategorien.
15. Versuchen Sie, die Kosten so niedrig wie möglich zu halten. Wo können Sie sparen?

16. Versuchen Sie, Firmen einzubinden, aber seien Sie realistisch in Ihren Erwartungen.
17. Machen Sie einen detaillierten Werbeplan.
18. Wenn Sie ein Patronatskomitee zusammenstellen, so sollte dies einen Zusammenhang mit der Veranstaltung haben. Besser weniger bekannte Namen, aber tätiges Engagement, als bekannte Namen, die nichts beitragen.
19. Wenn Sie mit Freiwilligen arbeiten, versuchen Sie, Aufgaben den Motivationen entsprechend zu finden. Wer steht gerne im Rampenlicht? Wer arbeitetet lieber im Hintergrund? Wer bringt zusätzliche Besucher?
20. Wenn sich zeigt, dass etwas falsch läuft, greifen Sie möglichst schnell ein, um Probleme in den Griff zu bekommen.
21. Dokumentieren Sie alles, um für die nächste Veranstaltung gerüstet zu sein.

Im Folgenden noch einige Anregungen, die die obigen Hinweise ergänzen:

- Überlegen Sie, bei welcher Art von Veranstaltung Sie nicht alle Details selbst erledigen müssen. Häufig können Sie einen Anlass in viele kleine Veranstaltungen aufteilen, die Ihre Freiwilligen oder SpenderInnen in die Hand nehmen.
- Schränken Sie Ihre Risiken ein. Sie können sich gegen fast alles versichern lassen, und oft lohnt es sich. Klären Sie die Haftpflicht genau ab.
- Wenn Essen serviert wird, gilt es, alle Hygienevorschriften zu beachten. Wenn Sie Alkohol ausschenken, brauchen Sie dazu unter Umständen eine Bewilligung. Versichern Sie sich, dass niemand Auto fährt, der bei Ihnen zu tief ins Glas geschaut hat.
- Vergessen Sie die Polizeistunde nicht.
- Jeder Event sollte durch einen Verkauf von Artikeln vor Ort be-

gleitet werden. Das bedeutet, dass alle Besucher und Passanten die Möglichkeit haben, mit dem Kauf von Artikeln, die wenig kosten, einen kleinen Beitrag zu leisten. Dies sollten Artikel sein, die Sie mit Gewinn verkaufen können, die man gebrauchen kann und die das Logo der Organisation tragen; also beispielsweise Schlüsselringe, Teddybären, Pins, Schirme und so weiter. Gerade diese Verkäufe machen den Unterschied von einer gerade noch rentablen Veranstaltung und einer, die einen grösseren Gewinn zulässt.

- Behalten Sie immer den Vernetzungsgedanken im Hinterkopf. Das bedeutet, dass alle Einladungen, die versandt werden, auch einen Einzahlungsschein enthalten und alle Anmeldeformulare auch den Zusatz: «Leider kann ich nicht teilnehmen, ich leiste jedoch eine Spende mit dem beiliegenden Einzahlungsschein.»
- Haben Sie genug Geld, um eine Veranstaltung durchzuführen? Es gibt eine eiserne Regel: Gehen Sie keine finanziellen Verpflichtungen ein, die Sie nicht aus den laufenden Mitteln bestreiten können. Wenn Sie die Kosten der Veranstaltung mit den erwarteten Einnahmen zahlen wollen, könnten Sie grosse Probleme bekommen.

Praxis-Beispiel aus England

Eine NPO für Frauen mit Brustkrebs startete gemeinsam mit einem bekannten Hersteller von Instantkaffee die Kaffeklatsch-Idee. Man bat Frauen, ihre Freundinnen zu einer Tasse Kaffee am Vormittag einzuladen. Die Veranstalterinnen erhielten Gratis-Kaffee, Informationsmaterial über Brustkrebs sowie eine Kasse zum Aufstellen für Spenden und simple Instruktionen, wie am besten vorzugehen sei.

Dies erwies sich als eine geradezu ideale Idee. Die Frauen konnten Ihren Beitrag zur Lösung eines Frauenproblems leisten, ohne das Haus zu verlassen oder selbst viel investieren zu müssen.

Und sie hatten Kontakte mit anderen Frauen – für viele Frauen, die fast den ganzen Tag alleine verbringen, ein wichtiger Faktor.

Die Hilfsorganisation brauchte (neben der anfänglichen Idee) selbst nicht viel beizutragen. Der Sponsor kam für die Kosten auf, und die Abwicklung war für alle beteiligten Frauen einfach und unkompliziert. Jetzt nehmen tausende von Frauen an dieser Aktion teil – und spenden im Lauf des Jahres oft noch zusätzlich, denn ihre Namen sind erfasst, und sie werden noch zweimal jährlich um Spenden gebeten.

Die Verantwortliche sagt, ihre Adressliste wachse von Jahr zu Jahr: «Früher versuchten wir, mit kalten Direct-Mail-Aktionen neue Spenderadressen zu generieren. Das Ergebnis war oft nicht sehr gut. Jetzt bekommen wir laufend neue Namen, weil die Frauen sich selber melden. Sie alle möchten Kaffee-Vormittage veranstalten.»

7.4.2. Die Zeit verfliegt – der richtige Zeitrahmen

Die Zeit vergeht immer schneller, als man denkt. Wer zu spät mit der Planung anfängt, wird plötzlich feststellen, das sich viele Ideen nicht mehr verwirklichen lassen. Daher sollten Sie ein Jahr vor der Veranstaltung (ja, das ist der Zeitrahmen, den Sie einplanen sollten)

- über die Art der Veranstaltung entscheiden;
- den Zeitplan erstellen;
- das Grob-Budget abklären. (Ab wann erreichen Sie die Gewinngrenze?)
- immer wieder Haltepunkte einplanen, bei denen Sie unter Umständen entscheiden können, die Veranstaltung mangels Interesse oder Geld abzusagen;
- Kontakte mit eventuellen Sponsoren sichern (Firmen machen ihre Budgets lange im Voraus);

- die Räumlichkeiten reservieren (Bitte noch keine feste Bestellung durchführen; diese sollte so spät wie möglich erfolgen);
- Lieferanten (Musik, Lautsprecheranlagen, Zelt, Blumen und so weiter) kontaktieren und ebenfalls Reservationen (aber keine Bestellungen) vornehmen.

Sieben Monate vorher sollten Sie

- die Reservationen bestätigen und verbindlich zusagen;
- ein Verkaufsteam für Anzeigen bilden;
- falls erforderlich, die Drucksachen bestellen;
- Freiwillige finden und einbinden.

Drei Monate vorher sollten Sie

- einen genauen Zeitplan aufstellen;
- alle behördlichen Genehmigungen einholen;
- die Transportmöglichkeiten arrangieren;
- Tombola, Versteigerungen, Preise und so weiter definitiv abklären.

Einen Monat vorher müssen Sie

- wöchentlich alles kontrollieren, um neu aufgetretene Probleme sofort beheben zu können;
- jedem Team-Mitglied schriftliche Instruktionen übergeben und sich versichern, dass alles korrekt verstanden wurde.

Eine Woche vorher müssen Sie

- Kontrollanrufe bei den verschiedenen Lieferanten vornehmen;
- noch einmal alles abchecken – notfalls Freiwillige kontaktieren.

Am Tag selber sollte(n)

- Ihnen der Tagesablauf wie ein Theaterstück präsent sein;

- Sie sich keine spezifischen Aufgaben aufladen. Schweben Sie stattdessen über dem Ganzen und versichern Sie sich, dass alles gut abläuft;
- Sie immer und überall Ihren Ablaufplan dabei haben (nicht zusammengefaltet in der Tasche, sondern auf einem Clip-Board);
- Sie alle Freiwilligen begrüssen und sich versichern, dass alle zur vorgesehenen Zeit am vorgesehenen Ort sind;
- Sie sich um Ehrengäste und wichtige Persönlichkeiten kümmern.

Und ganz wichtig: Keine Panik!

7.4.3. Muss es immer ein Gala-Diner sein? – Ideen für Events

In den Vereinigten Staaten ist der Gedanke der Mittelbeschaffung weiter ausgereift als in Europa. Die Kreativität und das Angebot an neuen Möglichkeiten der Mittelbeschaffung sind verblüffend. Nachstehend finden Sie eine kleine Auswahl.

Abenteuer
Eine im deutschsprachigen Raum noch wenig bekannte Form der Mittelbeschaffung sind Abenteuerreisen. Sie haben den grossen Vorteil, junge Menschen zu begeistern und einzubinden, die dann hoffentlich eine philanthropische Gesinnung beibehalten.

Das Prinzip ist einfach: Eine Organisation geht eine Partnerschaft mit einem Reisebüro, das eine Abenteuerreise zusammenstellt, ein. Die Teilnehmer an dieser Reise verpflichten sich, Sponsoren zu finden, die ihnen eine Summe für ihre Aktion zahlen. Meistens handelt es sich um anstrengende und teilweise auch mit

Gefahr verbundene Aktionen, wie beispielsweise eine Fahrradreise durch Peru oder entlang der grossen Chinesischen Mauer.

Der Vorteil für die Organisation besteht darin, dass sie nur Freiwillige (aber kein Kapital) für diese Aktionen finden muss. Die TeilnehmerInnen finden das Geld bzw. die Sponsoren, und das Reisebüro übernimmt die Organisation. Der Vorteil für die jugendlichen Teilnehmenden besteht darin, dass sie ihre Abenteuerlust ausleben können – und das für einen guten Zweck.

Tipp

Junge Menschen, die früh lernen, etwas für andere zu tun, sind die SpenderInnen von morgen – und Ihre Freiwilligen sind meistens auch Ihre besten SpenderInnen.

Eine Variante dieser Aktion besteht darin, dass ein mutiger Mensch oder eine kleine Gruppe im Namen einer NPO ein sportliches Abenteuer plant und ausführt. Dies schliesst die Suche nach Sponsoren ein. So bestieg beispielsweise eine Gruppe von Krebspatienten einen Viertausender, ein Mann durchquerte für eine NPO Afrika im Laufschritt, und eine Frau bestieg den Mount Everest für den guten Zweck. Diese Events bringen Publizität und Geld, sind aber in den seltensten Fällen wiederholbar. Die vorher beschriebenen Abenteuerreisen können hingegen jedes Jahr wiederholt werden.

Das grosse Feuer

In Lausanne verkauft die Feuerwehr für das Telethon Holzscheite. Diese nähren ein Feuer, welches die ganze Nacht gut sichtbar im Zentrum brennt. Die grossen Vorteile sind der niedrige Preis pro Spende, die grosse Sichtbarkeit des Events, geringe Wetterabhängigkeit (das Feuer brennt auch bei schlechtem Wetter) und praktisch keine Investition.

Tag des offenen Gartens

Der Tag des offenen Gartens ist in England eine der beliebtesten Formen des Fundraising. In den Anfängen ist er auch in der Schweiz und Deutschland schon vorhanden.

Das Prinzip: Freunde der Organisation, Gartenbesitzer, öffnen ihn an einem Tag für Besucher, bieten Erfrischungen und vielleicht Verkaufsartikel an, die die Organisation zur Verfügung stellt.

Die Vorteile sind gross: Gartenliebhaber sind meistens persönlich zurückhaltend, aber ihren Garten stellen sie gerne zur Schau. Sie können dann Erfahrungen austauschen, die Nachbarschaft pflegen und Komplimente für ihre viele Arbeit bekommen. Zudem sind Gartenbesitzer die ideale Zielgruppe für Grossspenden, weil sie meistens älter und vermögend sind.

Blumenmarkt

Viele Organisationen verkaufen einmal im Jahr Blumen, die zu ihrem Wahrzeichen werden. Amnesty Internatitonal bietet zum Beispiel Vergissmeinnicht an. Die Krebsliga verkauft anlässlich ihrer Hauptaktion im Juni Blumen auf den Wochenmärkten, und jeder in der Westschweiz kennt die Mimosaverkäufe für die Glückskette.

Diese Idee wurde in den USA weiterentwickelt und zu einem Blumenmarkt ausgebaut. Es wird nicht nur eine Pflanzenart angeboten, sondern – in Zusammenarbeit mit Lieferanten – die ganze Vielfalt der Blumenwelt, zuzüglich Verpflegung und verschiedener Artikel. Wieder liegt der Vorteil darin, dass hier Freiwillige interessante Aufgaben übernehmen können, die keine speziellen Kenntnisse erfordern. Derartige Veranstaltungen sind weitgehend wetterunabhängig, denn sie sollten überdacht stattfinden.

Bücher, Handtaschen, Modeschmuck – ein ganzer Bazar

Heute wird wesentlich mehr Geld als früher für Accessoires der verschiedensten Art ausgegeben. Es wird spontan gekauft und spontan bereut. Darum ist es heute für eine NPO leicht, nahezu neue Gegenstände von SpenderInnen zu erhalten, zu verkaufen oder zu versteigern – auch per Internet. Besonders über das Internet ist es relativ leicht, Ware zu erhalten, die Sie dann preisgünstig verkaufen können – zur Freude der KäuferInnen und der GeberInnen, die so ihr schlechtes Gewissen wegen unnützer Käufe beruhigen können.

Flüsse und Rennen

Füsse und Seen können ein wichtiges Kapital beim Fundraising bilden. Entenrennen oder «Duck Races» sind bereits in amerikanischen und europäischen Regionen jährlich wieder stattfindende Events.

Das Prinzip: Eine NPO verkauft gelbe Plastikenten (meistens für einen Gegenwert von rund fünf Franken/Euros), die alle gemeinsam ins Wasser gelassen werden – natürlich möglichst an einem Ort mit Strömung. Die zuerst angekommene Ente gewinnt für den stolzen Besitzer einen Preis.

Der Vorteil: Der stolze Besitzer einer Ente braucht nicht selbst teilzunehmen, um zu gewinnen, sondern er erhält seine Ente wieder – und dazu eventuell noch einen Preis. Damit vergrössert sich das Zielpublikum erheblich. Das ist das Geniale beim *duck race*: Viele sind bereit, eine Ente zu kaufen, aber nur wenige, sich selbst bei der Veranstaltung einzufinden. Dadurch wird auch die Abhängigkeit vom Wetter stark herabgesetzt. Diejenigen, die auch bei schlechtem Wetter kommen (hauptsächlich junge Familien mit Kindern), werden durch die fröhliche Stimmung, die Helfer im Entenkostüm, die Musik und Jahrmarktatmosphäre beim Wassern der Enten belohnt. Ausserdem ist dies eine Veranstaltung, die spektakuläre Bilder gestattet und darum zusätzlichen PR-Nutzen bringt.

Auf der gleichen Linie, aber eher für Herbst und Winter geeignet, sind Lichterfahrten auf Flüssen (in der Schweiz unter anderem in Bern auf der Aare). Hier besteht der Vorteil darin, dass die Lichter in Geschäften, auf Ständen und per Brief (SpenderInnen können Lichter bestellen und mit dem beigefügten Einzahlungsschein zahlen) verkauft werden können.

Es ist keine Schande, von einer erfolgreichen Veranstaltung zu lernen.

Sagen Sie nicht: «Wir wollen etwas Originelles machen. Gesponserte Läufe oder Luftballon-Rennen gibt es schon viele.» Viele NPOs veranstalten diese Events, weil es klappt. Sie haben die Möglichkeit, lokal oder regional einen nationalen Erfolg zu wiederholen oder vielleicht sogar zu übertreffen.

Tipp

Bei allen Aktivitäten ist es wichtig, ein möglichst breites Zielpublikum anzusprechen. Auch Menschen, die lieber fernsehen, sollten die Möglichkeit haben, sich zu beteiligen – mit einer Spende oder durch den Kauf eines Artikels. Nur dann wird der finanzielle Erfolg wirklich gross sein.
Entgegen anders lautenden Mitteilungen war es noch nie so einfach wie heute, Freiwillige zu rekrutieren und einzubinden – dank E-Mail und Homepage.

Haben Sie bedacht ...

- Was wollen Sie mit der Veranstaltung erreichen?
- Ist der Event in Ihre laufende Kommunikations- und Fundraising-Strategie eingebettet?
- Haben Sie mit der Planung bereits ein Jahr vorher begonnen?

- Haben Sie die Details durchgeplant?
- Können Sie den Event aus den laufenden Mitteln bestreiten?
- Bemühen Sie sich, neue, auf Ihre Organisation zugeschnittene Ideen für Events zu finden?
- Dokumentieren Sie die Organisation und den Erfolg der Veranstaltung?

8. PR – wie die Öffentlichkeit informieren?

8.1. Gezielt vorgehen – das Ansprechen der Öffentlichkeit

Öffentlichkeitsarbeit oder Public Relations sollte ein ebenso wichtiger Teil Ihrer Arbeit und des Fundraising sein wie zum Beispiel die Suche nach neuen Spendern. Im Gegensatz zu anderen Arbeiten, die sofort Geld bringen, ist es aber in der Praxis oft schwierig, diesen Teil der Arbeit so wichtig zu nehmen. Und doch – nur Öffentlichkeitsarbeit garantiert Ihnen, dass Ihre Arbeit die Wirkung in der Öffentlichkeit findet, die Sie heute benötigen, um auch morgen ein Publikum zu finden, das Ihre Anliegen vertritt oder Ihnen Geld bringt.

Wirkungsvolle Öffentlichkeitsarbeit ist mehr als ein gelegentlicher Artikel in Zeitungen, eine Erwähnung im Fernsehen oder Hinweise auf Ihre nächste Veranstaltung. Gute Öffentlichkeitsarbeit bedeutet die Planung und Durchführung von spezifischen Aktivitäten und Marketing-Programmen für spezifische Menschen und Gruppen, die sich für Ihre Arbeit interessieren und die Ihnen bei der Durchsetzung Ihrer Ziele helfen könnten.

PR ist keine leichte Aufgabe, denn die Kosten für die Öffentlichkeitsarbeit steigen ständig, und die vielen, miteinander konkurrierenden Botschaften sind eine Gegebenheit, die Sie nicht ignorieren können. Hinzu kommt, dass immer unterschiedlichere Bevölkerungsgruppen und Menschen mit immer individuelleren Bedürfnissen Kommunikationsstrategien verlangen, die ihre Bedürfnisse und Kulturen sowie ihre Sprachen mit einbeziehen. Dafür braucht es kostengünstige Massnahmen und Kommunikationsformen, die diese Gruppen so ansprechen, dass sie aufmerksam werden und sich verstanden fühlen.

Der wichtigste Schritt dazu ist, Ihr Zielpublikum zu identifizieren. Sie können nicht alles für alle sein! Daher müssen Sie Zeit und Geld sparen, indem Sie nur diejenigen Menschen und Gruppen ansprechen, die Ihnen nützlich sein könnten.

Dafür legen Sie zunächst Ihre Ziele fest. Wollen Sie, dass Ihr Zielpublikum Sie anruft und sich für eine Aktivität wie eine Theater-Vorstellung oder ein Gala-Dinner anmeldet, oder wollen Sie Spenden erhalten? Sobald Sie dieses Ziel identifiziert und schriftlich festgehalten haben, können Sie eine Strategie entwickeln, um dieses Zielpublikum auch zu erreichen.

Vergessen Sie nicht, dass Sie interne (Mitarbeiter, Vorstandsmitglieder, SpenderInnen und Freiwillige) und externe Zielgruppen haben. Jede Zielgruppe sollte differenziert mit Mitteln, die ihren Interessen entspricht, angesprochen werden. Sie können nicht alle Zielgruppen mit der gleichen Botschaft und durch die gleichen Kanäle erreichen.

Keine Organisation verfügt über ausreichende finanzielle Mittel, um PR-Kampagnen, die alle diese Zielgruppen erreichen, zu entwickeln und durchzuführen. Darum müssen Sie die Zielgruppen je nach Wichtigkeit für Ihre Arbeit klassifizieren und gewichten. Dann können Sie Ihre beschränkten Mittel dort einsetzen, wo sie am nützlichsten sind. Erst dann können Sie Ihr Wissen über sie und wie sie am besten zu kontaktieren sind, vertiefen. Schliesslich können Sie Ihre Strategie definieren, und Sie riskieren nicht, Ihre beschränkten Mittel mit unspezifischen Kampagnen zu verpulvern.

Wie aber sollen Sie unter diesen Voraussetzungen vorgehen? Wie wollen Sie verschiedene Strategien und Massnahmen erarbeiten und durchführen? Dabei hilft Ihnen die Segmentation Ihrer unterschiedlichen Zielgruppen. Diese hilft Ihnen wiederum dabei, die spezifischen Massnahmen zu erarbeiten, die wirkungsvoll und kostengünstig sind. Wir zeigen Ihnen auf den folgenden Seiten, wie Sie dies angehen. Ausserdem finden Sie hier verschiedene Tipps, wie Sie billige oder Gratis-Kommunikationen lancieren können.

Haben Sie bedacht ...

- Betrachten Sie die PR als wichtigen Bestandteil des Fundraising?
- Sehen Sie die langfristige Bedeutung der Öffentlichkeitsarbeit?
- Haben Sie Ziele festgelegt und Ihr Zielpublikum entsprechend identifiziert?
- Haben Sie auch an die internen Zielgruppen gedacht?

8.2. Pressearbeit – hausgemacht geht auch

Haben Sie Angst vor Journalisten? Treibt Ihnen die Idee, dass Sie im Fernsehen auftreten müssen, den Angstschweiss auf die Stirn? Den meisten von uns geht es so, doch auch Medienarbeit kann man in handliche Teilstücke zerlegen, die man dann stresslos in Angriff nimmt.

Pressearbeit kann man üben. Es lohnt sich, Kontakte in Zeiten, in denen es keine Krise gibt und in denen es nicht dramatisch ist, wenn eine Pressemitteilung abgelehnt wird, aufzubauen. Dann sind Sie fit, wenn eine Meldung über eine Veranstaltung, ein wichtiges Ereignis in Ihrer Organisation oder auf dem von Ihnen betreuten Sektor unbedingt erscheinen sollte.

8.2.1. Die Pflege der Pressekartei ist wichtig

In unserer Zeit ist die Unterstützung durch die Presse derartig wichtig, dass sich jede Organisation, unabhängig von ihrer Grösse, eine MitarbeiterIn leisten sollte, bei der Pressearbeit, oder besser gesagt Medienpflege, ganz oben im Pflichtenheft steht.

Es lohnt sich auch auf jeden Fall, hier Geld für Fachbücher, Adressbücher und Mitgliedschaften auszugeben. Durch geschicktes taktisches Vorgehen können sich auch kleinere Organisationen vorteilhaft positionieren. Nicht immer ist nur der «Newswert» für die Veröffentlichung einer Meldung entscheidend. Es kann auch die persönliche Beziehung zu den Redaktoren sein. Besonders für lokal verankerte Organisationen oder Organisationen mit regionalen Ablegern bieten sich hier entscheidende Vorteile.

Bei der Fülle von Lokalradios und Fernsehstationen lohnt sich die Pflege einer guten Adresskartei, in der zum einen alle Medien mit Ansprechpartnern aufgeführt sind und zum anderen das Gewicht auf gute Dokumentation aller persönlichen Kontakte gelegt wird. Und vergessen Sie nicht: In unserer schnelllebigen Zeit wechseln die Journalisten häufig die Redaktion, gelegentliche Kontrollanrufe sind darum notwendig.

8.2.2. Die Pressemitteilung – Journalisten das Leben erleichtern

Journalisten werden mit Informationen mehr als eingedeckt. Es gibt für Sie zwei Arten, auf diese Informationsfülle zu reagieren. Sie können strikte Selbstzensur treiben und sich nur an die Presse wenden, wenn Sie etwas extrem Wichtiges mitzuteilen haben (nach dem Grundsatz, ich will nur zweimal in der Zeitung sein: mit der

Geburts- und der Todesanzeige), oder Sie können, wie oben angedeutet, laufend üben und Ihre Mitteilungen regelmässig in der Presse platzieren.

Sie können den Journalisten, die viel beschäftigte Menschen sind, das Leben erleichtern, indem Sie für sie die Nachrichten aufbereiten. Was ist darunter zu verstehen?

Sie betrachten jede Zeitung, jeden Journalisten wie einen wichtigen Spender. Das trifft besonders im lokalen und regionalen Bereich zu. Sie notieren, in welchem Teil der Zeitung Ihre Nachricht erscheinen könnte. Sie notieren dort auch Namen, und Sie schreiben einen Artikel selbst, ausgerichtet auf die richtige Zeilenlänge und nicht länger als der durchschnittliche Beitrag in diesem Teil der Zeitung. Fassen Sie sich so kurz wie möglich, aber auch so lang wie nötig. Das bedeutet, dass Sie sich nicht auf die dürre Mitteilung beschränken dürfen, sondern, dass Sie auch Stimmung und Emotion vermitteln sollten, besonders bei *human interest stories*. Die Pressemitteilung muss die klassischen fünf Ws enthalten:

- Wer
- Was
- Wann
- Wo
- Warum

Um die Aufmerksamkeit viel beschäftigter, ungeduldiger Journalisten zu erregen, sollten Sie sich viel Mühe mit der Überschrift und dem ersten Satz geben. Sie sollten schon so viele Antworten wie möglich auf die fünf Ws geben. Der Text muss allerdings lesbar bleiben! Und bleiben Sie sachlich! Übertreibungen und Eigenlob gehören nicht in eine Pressemitteilung.

Falls Hintergrundinformation über Ihre Organisation nicht aus dem Jahresbericht, Prospekten und so weiter schnell ersichtlich sind, sollten Sie diese auf einem separaten Blatt zusammenfassen. Vergessen Sie nicht, Journalisten sind extrem beschäftigte Leute, die in kurzer Zeit viele Entscheidungen über den Inhalt ihrer Rubrik oder Zeitung treffen müssen. Halten Sie also den Einsteig kurz. Wer mehr Information von Ihnen will, wird anrufen.

Praktische Tipps zum Schreiben

Der Text sollte auf neutralem Papier stehen. Er muss jedoch – für den Fall, dass der Redaktor Fragen hat – den Namen des Ansprechpartners in Ihrer Organisation mit Telefon- oder E-Mail enthalten.

Legen Sie Ihre Zeilenlänge auf 45 Anschläge fest, damit der Journalist auf einen Blick sehen kann, wie lang der Beitrag ist (als Feinarbeit können Sie die Spalte in Ihrer Zeitung auszählen und berücksichtigen).

Die Überschrift ist extrem wichtig. Überprüfen Sie Ihr eigenes Verhalten. Hängt es von der Überschrift ab, damit Sie einen Artikel überhaupt lesen? Auch der Journalist hat, bei aller Erfahrung, manchmal Mühe, einen griffigen Titel zu finden. Helfen Sie ihm – Hauptsache, der Titel ist kurz genug.

8.2.3. Die Pressemappe – an alles gedacht?

So sieht die Pressemappe aus:

- Kartonhülle mit Ihrem Logo oder Slogan für leichte Identifikation,
- Pressemitteilung (Namen des Ansprechpartners in Ihrer Organisation gut sichtbar platzieren),
- Brief,
- Blatt mit Textvorschlag,
- Jahresbericht,

- Foto von im Text erwähnten Menschen (man kann ja nie wissen),
- Poster oder Prospekte,
- Blatt mit genauen Zeitangaben, falls eine Veranstaltung geplant ist.

Tipp

Jedes Blatt in der Pressemappe muss die Namen und Telefonnummern der jeweiligen Ansprechpartner gut sichtbar enthalten.

Wann verschicken?
Die verschiedenen Medien haben unterschiedliche Zeitlimiten für Informationen. Im Allgemeinen braucht das Fernsehen die längste Vorbereitungszeit für längere Beiträge. Radio und Printmedien sollten Information etwa eine Woche bis zwei Monate vor dem gewünschten Erscheinungsdatum erhalten. Rufen Sie an und erkundigen Sie sich nach dem kurzen Zeitpunkt zwischen «zu lange vorher» und «vergessen gehen» und «zu kurz, um berücksichtigt zu werden».

Die Erfahrung zeigt, dass oft mehrmaliges Nachdoppeln notwendig ist, um berücksichtigt zu werden. Nur ein Kontakt genügt oft nicht. Besonders, wenn Sie in bestimmten Programmsegmenten erscheinen wollen, ist mehrfaches Anklopfen notwendig. Leider gehen Ihre Informationen oft zwischenzeitig verloren. Darum lohnt es sich, von Anfang an zusätzliche Medienmappen zusammenzustellen und diese bei Bedarf zu liefern.

Tipp

Es ist nicht genug, interessante Informationen zu liefern. Sie müssen auch noch attraktiv und auffällig (aber seriös) aufgemacht werden, damit sie im Überangebot an Information, das Journalisten erhalten, auffallen.

8.2.4. Gute PR – niedrige Kosten

In der Kommunikation muss das Geld sehr sorgfältig eingesetzt werden. Es versteht sich von selbst, dass Sie teure und ausführliche Information nur an diejenigen schicken, von denen Sie annehmen, dass sie sich die Mühe nehmen, diese zu lesen. Berichte und so weiter versenden Sie also nur an Menschen, die einen direkten Bezug zu Ihrer Organisation haben. Dies können Vorstandsmitglieder, Grossspender, Sponsoren und so weiter sein.

Hier sind ein paar Wege, um Ihre Kommunikation kosteneffizient zu machen:

- Legen Sie bei jedem Versand eine Antwortkarte bei. Bitten Sie den Empfänger anzukreuzen, ob er die Information geschätzt hat und weiter auf Ihrer Verteilerliste bleiben will.
- Sparen Sie beim Druck: Machen Sie eine Lang- und eine Kurzversion, also zum Beispiel einen Faltprospekt und eine Broschüre in den gleichen Farben, der gleichen Papierqualität und so weiter. Versuchen Sie Druckaufträge immer zu gruppieren, so dass Sie günstigere Preise aushandeln können. Statt ein kleiner Kunde, der öfter kommt, sind Sie dann vielleicht ein mittelgrosser Kunde, dem der Drucker mehr Aufmerksamkeit widmet.
- Drucken Sie zum Beispiel die farbige Umschlagseite Ihrer Spenderzeitung in grosser Stückzahl und heften dann mehrmals im Jahr Inhaltsblätter hinein.
- Platzieren Sie Prospekte und Faltblätter in Ihrer Umgebung, zum Beispiel in Praxen (bei Ärzten, in Massagepraxen oder Kosmektiksalons und so weiter), kurz, überall wo Menschen öfter warten müssen – Menschen, die oft ausreichend Geld haben, um sich einen gewissen Luxus leisten zu können.
- Auch wenn es weniger Kirchenbesucher als früher gibt – sie sind besonders ansprechbar für soziale und kulturelle Anliegen.

- Können Sie Artikel in Firmenzeitschriften platzieren? Es gibt Listen derartiger Veröffentlichungen.
- Wenn Sie ein junges Publikum ansprechen wollen: Viele Kinos zeigen gegen niedrige Gebühren vor dem Beginn der Vorstellungen Dias.

Und hier noch ein paar PR-Ideen:

- Papier-Tischsets in Restaurants. Hier können Sie Ihre Botschaft an den Mann oder die Frau bringen, wenn auf das Essen gewartet werden muss;
- Legen Sie sich einen Vorrat an Gadgets zu, die Sie bei Ausstellungen verteilen: Kurz-Lineale mit Ihrem Logo und Telefonnummer sind hierfür Beispiele;
- Sticker jeder Farbe und Grösse sind beliebt, überzeugte Anhänger kleben sie sogar aufs Auto;
- Buchzeichen sind billig und werden oft lange aufbewahrt, weil sie einen Zweck erfüllen;
- Magneten für den Kühlschrank werden immer wieder für das Festhaften von Notizen verwendet, und jedes Mal wird der Name Ihrer Organisation wahrgenommen;
- Post-its sind extrem beliebt. Übertreiben Sie aber nicht – lassen Sie genügend Platz für Notizen.

Es gibt verschiedene Wege, Gratis- oder preisgünstige Anzeigen in den Zeitungen zu erhalten. Die wichtigste Möglichkeit sind die so genannten «Füller»-Anzeigen, eine Art druckfertige Anzeige für Ihre Organisation, die vom Verlag in die Zeitung oder Zeitschrift aufgenommen wird, wenn dort nicht verkaufter Raum verfügbar ist. Ausserdem können Sie in vielen Zeitungen vom «Sozialrabatt» profitieren, das heisst, Sie schalten eine Anzeige und erhalten einen Rabatt, der oft 50 Prozent vom normalen Preis beträgt.

Vergessen Sie aber nicht, dass alle diese Massnahmen zeitintensiv sind. Lohnt sich dieser Aufwand für Sie? Es kann allerdings nützlich sein, gleichzeitig eine Werbung zu schalten, wenn Sie möchten, dass ein wichtiges Ereignis im redaktionellen Teil erwähnt wird.

Weitere Möglichkeiten, Ihre Informationen gratis erscheinen zu lassen:

- Veranstaltungskalender: werden meistens in den letzten Tagen des Jahres veröffentlicht.
- Leserbriefe: ein wichtiges Instrument zur Meinungsbildung; besonders geeignet, wenn Sie Freiwillige haben, die Briefe schreiben. Aber Vorsicht, der Zweck eines derartigen Briefes ist nicht, Ihre Organisation zu loben, sondern Missstände anzuprangern, Meinungen zu vertreten und neue Ideen zu lancieren.
- Vergessen Sie das Internet in Ihrem Kommunikationsplan nicht. Informationen hierzu finden Sie in Kapitel 7.3. (Seite 135ff.).

Haben Sie bedacht ...

- Haben Sie eine Pressekartei aufgebaut?
- Halten Sie regelmässig Kontakt zu Journalisten?
- Bereiten Sie Pressemitteilungen vor?
- Schicken Sie Pressemappen zu den richtigen Terminen raus?
- Haben Sie die Kosten für PR im Griff?

8.3. Die Organisation darstellen – der Jahresbericht

8.3.1. Die Positionierung der NPO

Der Jahresbericht ist ein absolut notwendiges Instrument, um Ihre Seriosität zu dokumentieren. Es gibt keine seriöse Grossspender-Aktion ohne einen überzeugenden Jahresbericht.

Aber es gibt Jahresbericht und Jahresbericht. Es gibt den «Einschlaf-Jahresbericht», der Zahlen und Fakten aneinander reiht, mit dem Wort des Vorsitzenden und des Kassiers, dem Aufruf zur Hilfe, schwer lesbar und verwirrlich. Und es gibt den Jahresbericht, der Lust zum Lesen macht, der mehr als die Tatsachen vermittelt, der etwas hinüberbringt von der Motivation der MitarbeiterInnen, der Notwendigkeit der Arbeit und den Dingen, die zum Besseren verändert wurden. Der Jahresbericht hat ein grosses Publikum:

- Ihre SpenderInnen,
- Stiftungen,
- Sponsoring-Partner,
- Behörden,
- Vorstand,
- MitarbeiterInnen,
- die Presse,
- potenzielle SpenderInnen,
- Legatgeber,
- Freiwillige,
- andere Partner.

Ihr Jahresbericht kann also an zehntausende oder nur an mehrere Dutzend Leser gehen, aber wichtig ist er immer. Je kleiner Ihre

NPO ist, desto wichtiger ist Ihr Jahresbericht, denn Sie haben sonst vielleicht nur wenige andere Veröffentlichungen, die Sie verteilen können.

Tipp Der Jahresbericht ist wichtig für uns, weil wir uns als Einheit, als Gesamtheit darstellen können – nicht nur mit einem Projekt.

Bevor Sie Ihren Jahresbericht planen, bedenken Sie bitte kurz den Satz des bekannten Werbers David Ogilvy: «Erwarten Sie nicht, dass Ihre Leser Sie verstehen, wenn Sie Ihre Leser nicht verstehen.»

Den Leser an sich gibt es nicht, aber man kann einige Fakten, die über das Leseverhalten bekannt sind, sicher auch auf die Leser Ihres Jahresberichtes übertragen:

- Sie wollen etwas vom Leser und nicht umgekehrt.
- Kurze Texte und interessante Fotos sind leserfreundlich.
- Verwenden Sie Serifen-Schrift – also die mit den «Füsschen» wie jetzt in diesem Text –, auch wenn Ihr Grafiker etwas anderes sagt. Nicht Schönheit, sondern Leserfreundlichkeit ist das Ziel.
- 14-Punkt-Schrift ist für ältere Leser (die Ihr Hauptzielpublikum bilden) am besten geeignet.
- Lockern Sie die Seiten mit Einschüben, Unterlegungen, Kästen und so weiter auf.
- Leser werden gerne geführt, um einfacher lesen und verstehen zu können. Inhaltsangaben, Zusammenfassungen und so weiter werden gerne genutzt.
- Setzen Sie nie etwas voraus. Formulieren Sie jeden Jahresbericht, als wenn der Empfänger noch nie etwas von Ihnen gehört hätte.

- Der Jahresbericht hat einen Zweck: Machen Sie es dem Leser leicht, wenn er etwas tun soll (spenden, Fragebogen ausfüllen, Mitglied werden und so weiter).
- Antwort-Coupons, Einzahlungsscheine und so weiter sollten nicht willkürlich ein- und zugefügt werden, sondern von Anfang an integriert werden und ihren festen Platz haben.

8.3.2. Zahlen und Fakten – sie müssen stimmen

Ein Jahresbericht muss finanzielle Klarheit geben. Hier gibt es rechtliche Vorschriften, die je nach Gesellschaftsform und Land unterschiedlich sind. Bedenken Sie aber immer, dass die Art der Darstellung keinen Gesetzen unterworfen ist und Zahlen durchaus leserfreundlich dargestellt werden können:

- Am häufigsten gebraucht werden heute Tortendiagramme, die prozentuale Verteilungen zeigen.
- Auch Legosteine in verschiedenen Farben wurden schon verwendet, um Zahlen auf einen Blick zu illustrieren.
- Auch die Unterlegung jeder Zahlenreihe mit unterschiedlichen Farbtönen macht die Lektüre leichter.

8.3.3. Porträts – damit der Leser sich ein Bild machen kann

Stellen Sie Ihre MitarbeiterInnen dar – aber individuell mit ihrer Arbeit. Sagen Sie, was sie tun, aber auch, warum. Treffen Sie eine Auswahl – diejenigen MitarbeiterInnen sollen dargestellt werden, zu denen der Leser eine Beziehung aufbauen kann und soll. Zeigen Sie nicht nur Köpfe an Schreibtischen, sondern Mitarbeiter «in action».

Stellen Sie auch Ihre Arbeit bildlich dar. Professionelle Fotografen sind teuer – aber professionelle Fotos sind in der heutigen Welt fast eine Notwendigkeit. Viele Fotografen sind bereit, kulturellen oder Hilfsorganisationen einen Spezialpreis einzuräumen. Bedenken Sie aber, dass auch ein Fotograf seine Rechnungen zahlen muss.

Ein Fotograf braucht Richtlinien. Sagen Sie ihm, was die gewünschten Fotos bewirken sollen. Es ist möglich und wünschbar, nicht nur Tatsachen-Fotos zu haben, sondern Fotos, die begreiflich machen, wofür Sie stehen, was Ihre Arbeit bewirken soll.

Tipp Der Fotograf behält das Copyright an seiner Arbeit. Sie müssen also jedes Mal wieder zahlen, wenn Sie die Fotos verwenden. Sie können aber auch gegen Mehrzahlung vereinbaren, dass Sie die Fotos mehrere Male verwenden können, wenn Sie seinen Namen angeben.

Bei der Auswahl von Fotos sollten Sie

- versuchen, eine Einheit zu finden;
- Ausschnitte von Fotos, die das Wesentliche betonen, zeigen;
- nahe an das Problem, die Menschen herangehen;
- kritisch sein. Fragen Sie sich, warum jemand dieses Bild anschauen soll.

Bevor Sie schreiben, sollten Sie sich genau überlegt haben, wie viel der Jahresbericht kosten darf. Sie sollten das Format, die Seitenzahl, farbig oder schwarz/weiss, die Auflage und die Papierqualität abgeklärt haben.

Haben Sie bedacht ...

- Ist Ihnen klar, wie viele unterschiedliche Menschen Ihren Jahresbericht lesen werden?
- Ist der Jahresbericht lebendig geschrieben und gestaltet?
- Haben Sie an die Kraft von Fotos gedacht?
- Haben Sie die Kosten für die Produktion abgeklärt?

9. Hege und Pflege – die Spenderbindung

9.1. Spenderbetreuung – Relationship-Fundraising

Sie haben neue Spender gewonnen, neue Spender, die lebenswichtig für die finanzielle Gesundheit Ihrer Organisation sind. Jetzt gilt es, diese Spender zu betreuen, zu hegen und zu pflegen, sie an Ihre Organisation zu binden, damit sie treu bleiben und auch in Zukunft Ihre Arbeit unterstützen.

Im folgenden Kapitel lesen Sie, was unter Spenderbetreuung – oder Relationship-Fundraising – zu verstehen ist.

Danke sagen ist das erste Gebot. Es gibt Organisationen, die bitten ihre SpenderInnen um Auskunft: «Wünschen Sie eine Verdankung?» Viele Spender sagen Nein und meinen das auch so, denn sie sind sich bewusst, dass jeder Brief Geld kostet, Geld, das lieber in die eigentliche Arbeit gesteckt werden sollte. Aber auch der treueste Spender wird sich nach einiger Zeit fragen, ob er als Dank für seine Spenden nur wieder neue Anfragen erhält. Für diese bescheidenen Spender brauchen Sie Alternativen.

Viele Organisationen danken nur ab einer bestimmten Summe. Das bedeutet dann, dass alle Spender, die mehrmals im Jahr bescheidene Beträge geben, nie einen Dank erhalten. Es ist so einfach, zusammen mit dem nächsten Schreiben eine hübsch gedruckte Dankeskarte beizulegen oder einmal am Ende oder Anfang des Jahres einen Dank für alle Spenden dieses Jahres auszusprechen.

Spenderpflege bedeutet aber nicht nur, Danke zu sagen, sondern ein ganzes Bündel von Aktionen. Regelmässige Kontakte mit den SpenderInnenn sind absolut zentral, um sie an Ihre Organisation zu binden und sie auch in Zukunft als SpenderInnen zu erhalten.

Denken Sie daran, die Konkurrenz schläft nicht, und jeder Spender spendet in den meisten Fällen zwischen drei und sechs anderen Organisationen. Nur wenn Sie sich mit Ihrer Kommunikation abheben, wird er Ihnen treu bleiben und Sie bei der Verteilung seiner Spenden bevorzugt berücksichtigen. Der Vorgang der Spenderbindung ist nie abgeschlossen und muss kontinuierlich weitergeführt werden.

Wenn Sie es schaffen, SpenderInnen an Ihre Organisation zu binden, so werden teure Massnahmen zur Neuspendergewinnung reduziert. Statt vieler «kalter» Mailings können Sie «warme» Mailings versenden und dadurch Ihre Kosten senken.

SpenderInnen sind nicht immer treu. Die meisten geben in der Regel an die gleichen Organisationen, gute 30 Prozent immer an die gleiche NPO, aber gut 20 Prozent wechseln zwischen verschiedenen Hilfswerken.

Treue gegenüber den unterstützten Werken

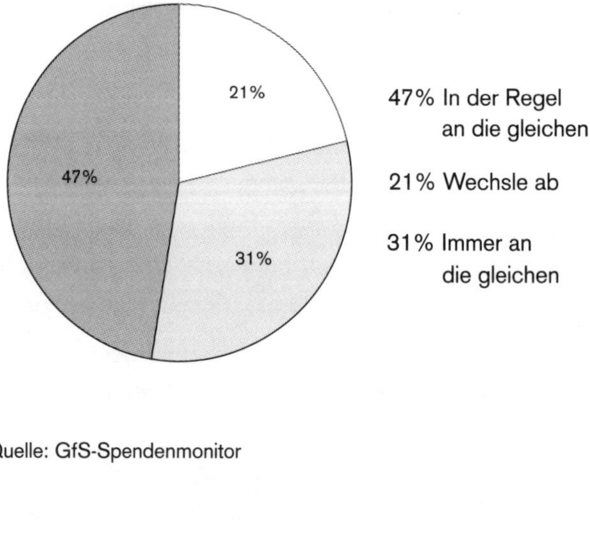

Quelle: GfS-Spendenmonitor

SpenderInnen sind auch nicht ihr Leben lang treu. Sie haben die Tendenz, mit der Zeit nicht mehr zu spenden. Hier ist eine typische Kurve der Verluste über fünf Jahre.

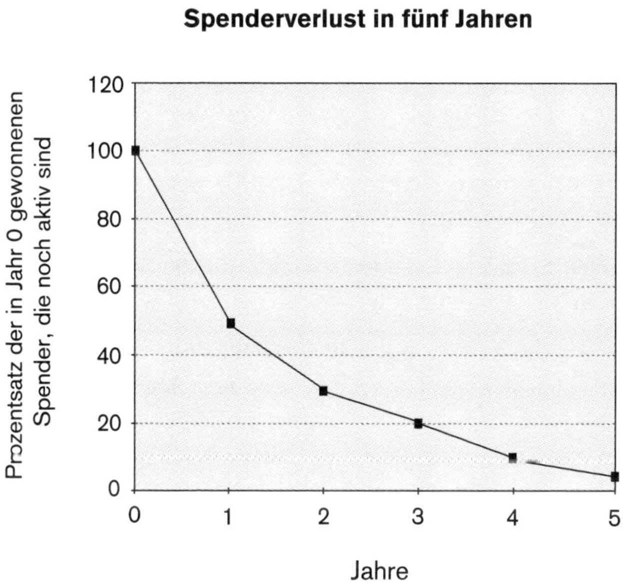

Das sind die Prozentzahlen, und sie sprechen eine klare Sprache. Aber es gibt noch eine andere Art, Verluste zu berechnen. Welche Spender verlieren Sie? Viele Kleinspender? Oder nur wenige Spender, aber gerade diejenigen, die grössere Beträge oder oft geben? Sie müssen also nicht nur die obige Statistik erstellen, sondern die Zahlen noch weiter aufgliedern, um festzustellen, wie viele gute und wie viele Kleinspender Sie verlieren und wie viel dieser Verlust in Geldmengen beträgt.

Haben Sie bedacht ...

- Fragen Sie Ihre SpenderInnen, ob sie eine Verdankung wünschen?
- Wissen Sie, dass Ihre SpenderInnen Ihnen nicht treu bleiben?
- Haben Sie Ihre Verdankungen strukturiert?

9.2. Der direkte Kontakt – das Telefon

9.2.1. Wir schätzen Sie sehr – danke für die Spende

Der telefonische Kontakt mit SpenderInnen sollte kein getrenntes Kapitel sein, sondern in allen Fundraising-Abläufen fest eingeplant sein. So wie Sie in Ihrem eigenen Alltag gern und häufig zum Telefon greifen (oder E-Mails versenden), sollte auch der direkte Kontakt mit Ihrem Spender selbstverständlich sein und überall, wenn passend und machbar, seinen Platz haben.

Telefon-Marketing hat es im Fundraising schwer gehabt. Amerikanische und englische Erfahrungen wurden als nicht relevant abgetan. Dabei hat jetzt jahrzehntelange Erfahrung gezeigt, dass auch unsere SpenderInnen sich freuen, wenn sie einen freundlichen Anruf bekommen, gerne Fragen beantworten – und auch per Telefon spenden!

Einerseits haben wir also den informellen telefonischen Kontakt mit dem Spender, bei dem es darum geht, ihm zu sagen, dass wir ihn und seine Spende brauchen und schätzen. Dieser Kontakt kann von den eigenen Mitarbeitern erledigt werden und richtet sich besonders an gute SpenderInnen mit dem Hauptmotiv des Dankes und der Spenderbindung.

Daneben gibt es jedoch die «professionellen» Telefonate, die in grosser Zahl erfolgen und die ein finanzielles Ziel haben. Man muss offen sagen, dass es fast unmöglich ist, diese «professionellen» Telefonate durchzuführen, ohne dass es negative Reaktionen gibt. Das Wichtige ist, die negativen Reaktionen so gering wie möglich zu halten und in der Datenbank festzuhalten, wer nicht angerufen werden will.

9.2.2. Wir brauchen Sie weiterhin – Reaktivierung

Am häufigsten werden Spender angerufen, die seit einiger Zeit nicht mehr gespendet haben. Oft werden diese Telefonate einer Agentur anvertraut, die darauf spezialisiert ist. In den meisten Fällen wird folgendes Vorgehen angewendet:

SpenderInnen, die seit (zum Beispiel) zwei Jahren nicht mehr gespendet haben, erhalten ein Schreiben, in dem man ein Telefonat ankündigt, um anzufragen, warum nicht mehr gespendet wurde. Der Spender hat die Möglichkeit, mittels der beigelegten Karte zu erklären, dass er keinen Anruf wünscht.

Da die meisten Menschen träge sind, senden nur wenige diese Karte zurück, und man hat so eine Art schweigendes Einverständnis des Spenders, anzurufen. Ausserdem liegt dem Schreiben ein Einzahlungsschein bei, den viele Spender verwenden, in der Hoffnung, dass sie dann nicht angerufen werden.

Es ist klar, dass der Brief sehr sorgfältig abgefasst sein muss. Es darf auf keinen Fall der Anschein erweckt werden, dass Druck für eine Spende ausgeübt und mit dem Anruf gedroht wird. Die Erfahrung zeigt, dass genügend SpenderInnen den beigelegten Einzahlungsschein verwenden, um die Kosten für diesen Versand zu tragen.

Der Skript

Professionelle Telemarketer haben grosse Erfahrung im Abfassen von Gesprächsleitfäden, die den TelefonistInnen gegeben werden. Ein derartiger Leitfaden enthält Alternativen für verschiedene Reaktionen der Angerufenen, endet jedoch immer mit der Bitte um eine neue Spende. Dieser Skript muss zusammen mit dem Kunden erarbeitet und von ihm schriftlich abgesegnet werden. Es liegt also bei der NPO, zu erklären, wie viel Druck die Telefonisten am Telefon ausüben sollen.

Tipp Starker Druck führt meistens dazu, dass verhältnismässig viele Angerufene sich bereit erklären zu spenden – dann aber wird ein hoher Prozentsatz das Versprechen nicht einlösen.
Ist der Druck hingegen geringer, werden weniger Spenden versprochen, diese aber werden in den meisten Fällen auch geleistet.

Ein Bestätigungs- und Dankesbrief sollte schnellstmöglich, also am gleichen oder einen Tag nach dem Telefonat, zusammen mit einem Einzahlungsschein verschickt werden.

Das Vorgehen ist also teuer: Der Versand von zwei Briefen und ein Telefonat müssen bezahlt werden. Aber – für viele Organisationen rechnet sich das Ergebnis und die «Telefon-Reaktivierung» ist fest in das Fundraising-Programm eingeplant.

9.2.3. Wir brauchen mehr – Erhöhung des Spendenbetrages

Wenn Spender einen Dauerauftrag unterschrieben haben, bei dem der Betrag direkt von ihrem Konto abgebucht wird, stellt sich nach einiger Zeit die Frage, ob der monatliche Betrag nicht erhöht werden könnte (Upgrading).

Dies sind lohnende, aber schwierige Telefonate. Es bedarf eines guten Skripts und viel Fingerspitzengefühls. Viele Organisationen sind mit Recht besorgt, dass der Spender direkt auf einen Dauerauftrag angesprochen wird, den er vielleicht vergessen hat, und beschliesst, ihn zu annullieren. Und das kommt vor. Andererseits gibt es auch genügend Spender, die bereit sind, den regelmässig geleisteten Beitrag zu erhöhen. Wieder ist eine unbürokratische und schnelle Abwicklung des neuen Versprechens extrem wichtig.

Eine weitere Möglichkeit zur Erhöhung von Spendengeldern ist die Bitte um eine Sonderspende, einen zusätzlichen Betrag für ein Projekt. Diese Telefonate sind sehr erfolgreich, wenn die Zielgruppe sorgfältig ausgewählt wird. Es muss sich um SpenderInnen handeln, die schon eine längere Verbindung zur Organisation haben. Auf eine positive Reaktion auf ein derartiges Telefonat muss wieder sofort ein Schreiben mit weiteren schriftlichen Informationen folgen – sodass dem impulsiven Entscheid am Telefon noch die überlegte Handlung folgen kann.

Was das Telefon nicht kann

Man kann keine kalten Adressen anrufen und hoffen, so Spender zu gewinnen. Das Telefon ist kein geeignetes Instrument für die Neuspender-Akquisition, aber sonst ist es eigentlich für die meisten Mitteilungen bestens geeignet.

Tipp Jedes Telefonat muss mit diesem Satz beginnen: «Haben Sie einen Moment Zeit, oder störe ich gerade?» Viele Aggressionen werden so schon abgebaut.

Auswahl einer Agentur

Natürlich sind die Kosten der Telefongespräche ein wichtiger Faktor, aber es gibt noch andere, die Sie in den Auswahlprozess einbeziehen sollten:

- Können Sie kurzfristig zuhören? Besonders am Anfang ist es sehr wichtig, dass Sie ein paar Stunden in der Agentur verbringen, um zu hören, wie Ihre SpenderInnen reagieren und ob der Skript angepasst werden sollte.
- Gibt es eine Verlust-Garantie? Viele Telefon-Agenturen haben so viel Erfahrung, dass sie in der Lage sind, eine Defizitgarantie zu übernehmen, das heisst, wenn der Erfolg nicht den abgemachten Bedingungen entspricht, müssen Sie nicht den vollen Preis zahlen.
- Nutzen Sie Erfahrungen von Kollegen? Fundraiser helfen einander und sind meist gerne bereit, über ihre Erfahrungen Auskunft zu geben. Rufen Sie die Referenzen der Agentur an – checken Sie alles ab, was versprochen wurde.
- Sind die MitarbeiterInnen der Agentur motiviert? Nichts ist schlimmer als eine telefonische Bitte um Spenden, die von gelangweilten TelefonistInnen abgelesen wird. Fragen Sie darum, wie lange die MitarbeiterInnen im Allgemeinen bleiben.

Telefon- und Direct-Mail-Fundraising müssen miteinander abgestimmt werden, nicht nur vom Zeitpunkt, sondern auch von der Tonalität her.

Eine besonders interessante Erfahrung machte eine englische

Organisation: Sie stellte fest, dass angerufene Spender, auch wenn sie am Telefon negativ reagierten, beim nächsten Mailing überdurchschnittlich häufig spendeten. Die Rücklaufquoten der Organisation hatten sich nahezu verdoppelt. Diese Organisation ist ausserdem dazu übergegangen, gute Spender vor dem Versand von Mailings anzurufen, um dieses anzukündigen. Die Methode hat sich in den Rücklaufquoten niedergeschlagen.

Nur wenige NPOs werden in der Lage sein, derart aufwändige Aktionen durchzuführen. Allerdings sollten insbesondere kleine Organisationen, die auf Freiwillige zählen können, die Vernetzung Mailing/Telefon ausprobieren.

Haben Sie bedacht ...

- Kündigen Sie Telefonate schriftlich an?
- Haben Sie ein Skript sorgfältig ausgearbeitet und an alle Eventualitäten gedacht?
- Sind Sie ausreichend vorbereitet, um Dankesbriefe noch am selben Tag oder einen Tag nach dem Telefonat rauszuschicken?

9.3. Verantwortung übernehmen – Patenschaften

Die erfolgreichste Form der Spenderbindung ist die Patenschaft. Hier wird ein fester monatlicher Betrag, der zum Teil jahrelang gegeben wird, direkt vom Konto abgebucht. Ursprünglich wurden diese Patenschaften von Drittweltorganisationen für Kinder eingeführt. Jeder Pate erhielt ein Dossier über «sein» Kind und regelmässig Nachrichten über dessen Wohlergehen.

Diese Art der Patenschaft wird heute von den meisten Organisationen abgelehnt, weil so eine Person bevorzugt wird und neue

Ungerechtigkeiten entstehen können. Heute bemühen sich die meisten NPOs, allgemeine Patenschaften zu «verkaufen», das heißt Patenschaften, die nicht nur auf das Kind zugeschnitten sind, sondern die ganze Familie oder das ganze Dorf mit einbeziehen. Jetzt hilft man also nicht mehr dem individuellen Kind, sondern der ganzen Gemeinschaft.

Patenschaften – oder deren Prinzip – haben sich im Laufe der Zeit ausgebreitet. Die Hilfswerke haben überraschende Kreativität gezeigt. Als SpenderIn können Sie heute

- Patenschaften für Bäume oder Wälder übernehmen,
- Wale, Delfine oder andere Tiere adoptieren,
- Beschädigte, wertvolle Bücher adoptieren und restaurieren lassen,
- Grossmüttern in Afrika helfen («adopt a granny»),
- Teile von Gebäuden unterhalten.

Dies zeigt, dass man mit ein wenig Fantasie viele abstrakte Anliegen in kleine «adoptierbare» Einheiten aufbrechen kann. Dies ermöglicht dann die Bitte um langfristige Pflege und Unterstützung nicht nur für Lebewesen, sondern auch für Sachen oder Ideen.

Patenschaften sind für einige Organisationen die Basis ihres Einkommens. Ein Pate bleibt meistens mehrere Jahre (Erfahrungswert vier Jahre) bei der Stange – und er ist bereit, zusätzliche Spenden im Laufe des Jahres zu geben.

Haben Sie bedacht ...

- Kommen Patenschaften für Ihre Organisation in Frage?
- Haben Sie über neue Arten der Patenschaft nachgedacht?

9.4. Gezielte langfristige Hilfe – Projekt-Unterstützung

Fundraiser wissen, dass es schwierig ist, SpenderInnen mittels Briefen dazu zu bewegen, höhere Spenden zu geben. Es ist leichter, sie um einen zusätzlichen Betrag zu bitten. Eine Möglichkeit, beides miteinander zu verbinden, sind die Projektspender-Programme.

Tipp

Kein Spender will gerne Ihre Miete zahlen oder für das Briefpapier aufkommen.

Es ist eine Tatsache, dass Spender nicht gerne für die Administration zahlen. Der Traum ist immer, dass alle Spenden direkt in Projekte oder zu den Betroffenen gelangen. Diesen Traum kann man zumindest teilweise erfüllen, indem man Projekte herauskristallisiert, die man Spendern zur direkten, langfristigen Unterstützung anbietet. Auch hier muss natürlich ein Teil der Spende in die administrativen Kosten fliessen, aber nur projektbezogen.

Wie vorgehen?

Vorbedingung für diese Projekte ist eine Spenderkartei, die seit mindestens zwei Jahren besteht. Der Spender muss die Organisation also kennen und mindestens zweimal, aber besser dreimal gespendet haben.

Tipp

Voraussetzungen für projektbezogene Programme:

- Selektierbare Spenderdatei
- Ausreichend mindestens Zwei-Jahres-Spender
- Attraktives Programm

Die Länge der Beziehung ist in diesem Fall wichtiger als die Höhe der Spenden (wobei es gilt, eine Mindestspendenhöhe zu etablieren: Spenden ab 50 Franken/Euros, sind Voraussetzung). Diesen SpenderInnen wird ein Projekt vorgestellt. «Wir bitten um Ihre Unterstützung für drei Jahre.» Dabei geben wir an, wie viel Geld wir möchten: doppelt so viel wie die höchste je gegebene Spende – und das drei Jahre lang. Dies gilt für das mittlere Segment: von 100 bis 2000 Franken/Euros (siehe folgende Tabelle). SpenderInnen, die höhere Beträge geben (der Betrag ist von ihnen zu definieren), bitten wir um eine dreijährige Spendenzusage, um sie über längere Zeit auf hohem Niveau zu halten.

Eine vollständige, detaillierte und komplizierte Selektion könnte folgendermassen aussehen:

Segment	Definition	Version Mailing und Vorschlag
100 – 199	SpenderInnen, die in den vergangenen 24 Monaten als höchste Einzelspende eine (oder auch mehrere) Spende(n) zwischen Fr. 100 und Fr. 199.99 getätigt haben	Einfache Version Fr./€ 300 + 400
200 – 299	… zwischen Fr. 200 und Fr. 299.99	Einfache Version Fr./€ 350 + 500
300 – 399	… zwischen Fr. 300 und Fr. 399.99	Luxus-Version Fr./€ 500 + 600
400 – 499	… zwischen Fr. 400 und Fr. 499.99	Luxus-Version Fr./€ 600 + 700
500 – 999	… zwischen Fr. 500 und Fr. 999.99	Luxus-Version Fr./€ 800 + 1000
1000 – 1999	… zwischen Fr. 1000 u. Fr. 1999.99	Luxus Version Fr./€1500 + 2000

Es braucht Mut, ein derartiges Programm einzuführen. Die Erfahrung zeigt jedoch, dass, mit einer Ausnahme, alle Organisationen, in denen dieses Vorgehen einführt wurde, daran festgehalten haben. Es gibt jetzt bei allen, je nach Grösse der Spenderkartei, zahlreiche Projekte. Jedes Jahr wieder muss ein neues eingeführt werden. Die Schwierigkeit dabei ist, immer wieder Projekte auszuarbeiten, einen griffigen Namen zu finden, das Projekt auch drei Jahre lang durchzuführen und darüber Bericht zu erstatten, damit die Spender treu bleiben.

Tipp

Vergessen Sie nicht: Spenden kann man nicht erzwingen. Spendeversprechen sind nicht zwingend, sondern müssen immer neu verdient werden.

Haben Sie bedacht ...

- Haben Sie ein oder mehrere Projekte ausgearbeitet?
- Haben Sie die SpenderInnen selektiert und verschiedene Versionen eines Mailings erstellt?
- Verwenden Sie ein Programm zur Pflege und weiteren Bindung Ihrer SpenderInnen?

10. Institutionen – in der Praxis aktiv

10.1. Mittel beschaffen mit wenig Mitteln – (VSF-Suisse)

«Nix haben is a leichts Leben», sagt der österreichische Volksmund. Ob dies sich allerdings auch im Falle des Budgets für Fundraising und Kommunikation bewahrheitet, sei angezweifelt. Eine auf einer ehrgeizigen Wachstumsstrategie basierende Fundraising-Kampagne mit einem Jahresbudget von weniger als 50000 Franken durchzuführen ist nicht einfach und beschert dem damit beauftragten Fundraiser sicherlich kein leichtes Leben. Doch es gibt auch eine positive Seite: Wenig Mittel zur Verfügung zu haben, beflügelt Fantasie und Erfindergeist aller am Prozess Beteiligten. Kreative, oft auch unkonventionelle, mutige – vielleicht sogar etwas verrückte – Ideen können so geboren werden … denn Not macht zum Glück auch erfinderisch.

10.1.1. Die gefühlvolle Partnerwahl

«Wer zahlt, sagt, was die Musi spielt», muss nicht in jedem Fall zutreffen. Für eine kleine Organisation mit beschränkten Mitteln wie Vétérinaires Sans Frontières Suisse (VSF-Suisse) ist es jedoch von Vorteil, sich zwecks Aufbesserung der Einnahmen und damit auch der möglichen Aktions- und Kommunikationsmassnahmen mit einem oder mehreren Partnern zusammenzutun. Eine gute und professionell präsentierte Idee, gepaart mit einem – trotz kleinem Budget – selbstsicheren und überzeugenden Auftreten, sind Garanten für die Gewinnung eines geeigneten Partners. Nur wenn man an den eigenen Erfolg glaubt und dies auch kommuniziert, hat man die Chance, im Profit-Bereich einen Partner zu gewinnen. Die Wahl des oder mehrerer Partner, die bereit sind, sich für eine gute Strategie zu engagieren, kann den Erfolg entscheidend mit beeinflussen. Es kann sich dabei um Sponsoren aus Industrie oder Wirtschaft handeln. Mit einer Partnerorganisation aus dem Non-Profit-Bereich Synergien zu nutzen, ist ebenfalls eine Chance. Als kleine Organisation ist es jedoch von Vorteil, sich im letzteren Fall eine NPO ähnlicher Grösse und Bedeutung auszusuchen. Andernfalls riskiert die kleine und unbekannte Organisation, neben dem bekannten Partner nicht wahrgenommen oder sogar «verschluckt» zu werden. Auf diese Weise wäre die Kampagne nur noch für den Partner erfolgreich.

Auch die Zusammenarbeit mit einer bekannten Persönlichkeit als «Opinion-Leader» ist eine Chance, den ausgesandten Anliegen mehr Gewicht und Nachdruck zu verleihen. Ein gutes Gefühl und die gemeinsame «Chemie» sind bei jeder Kooperation wichtige Voraussetzungen.

10.1.2. Mehr Volumen heisst das Zauberwort

Als kleine Organisation mit ein paar hundert Mitgliedern und nur wenig mehr Spenderadressen ist ein schnelles Wachstum eines qualitativ guten und treuen Unterstützerkreises das Wichtigste. In unserem Fall sind rund 10000 bis 15000 aktive Adressen mit einem gesunden Anteil an regelmässigen SpenderInnen das kritische Volumen, das es zu erreichen gilt. Der Weg bis zum Erreichen eines für den weiteren Ausbau notwendigen Volumens von Spendern – und allenfalls auch Mitgliedern – ist für eine kleine Non-Profit-Organisation somit lang, kurvenreich und steinig.

VSF-Suisse existiert bereits seit 1988 und betreut zurzeit weltweit zwölf tierärztliche Entwicklungsprojekte in sechs Ländern (Umsatz Projekte 2002 rund fünf Millionen Franken). VSF-Suisse – von der ZEWO und der Gesellschaft Schweizerischer Tierärzte GST anerkannt – ist die einzige tierärztliche Entwicklungsorganisation in der Schweiz. Dieses USP (Unique Selling Proposition) und die kreaturübergreifende Hilfe, die Tiere und Menschen in die mehrjährigen «Hilfe-zur-Selbsthilfe-Projekte» einbezieht, bilden die Basis für die Positionierungsstrategie auf dem Schweizer Spendenmarkt.

Da in der Schweiz bis 2002 praktisch keine Öffentlichkeitsarbeit betrieben wurde, ist VSF-Suisse bei der breiten Bevölkerung noch beinahe unbekannt, und die Adressdatenbank von Vereinsmitgliedern und Interessierten stagnierte auf sehr bescheidenem Stand. Seit rund zwei Jahren ist VSF-Suisse nun bestrebt, den engen Kreis von veterinärmedizinischen Fachleuten zu sprengen und ein breites Schweizer Publikum anzusprechen. Die Hauptherausforderung als unbekannte Organisation besteht darin, mit gezielten Aktionen möglichst rasch viele Interessierte, potenzielle SpenderInnen und Mitglieder zu gewinnen und gleichzeitig einen Teil der Investitionskosten über Sponsoring zu finanzieren. Da die Jahresbudgets 2002 und 2003 für diesen Start sehr bescheiden sind (rund 40 000 Franken pro Jahr), müssen Kreativität und Mut zum Risiko, vereint mit unkonventionellen Ideen, die auch von Partnern mit offenem Geist aus der Industrie mitgetragen werden, dieses Manko kompensieren.

10.1.3. Informations- und Mittelbeschaffungskampagne «Ansteckend?»

Das Bewusstsein und das Verständnis der Schweizer Bevölkerung um den Stellenwert und den Einfluss der Tiergesundheit auf die menschliche Gesundheit bilden die Basis für unsere Projektarbeit zu Gunsten der ärmsten Tiere und Menschen auf der Welt. Für die erste Kampagne, die vor allem auch dazu beitragen soll, den Bekanntheitsgrad von VSF-Suisse zu erhöhen, wurde parallel zur Thematik Tier- und Menschengesundheit auf das Thema «Zoonosen» (= ansteckende Krankheiten zwischen Tier und Mensch) gesetzt. Mit der 2002 gestarteten Sensibilisierungs- und Informationskampagne zum Thema Zoonosen, deren Kernaktion die Broschüre «Ansteckend?» bildet, werden folgende Ziele angestrebt:

Ziel und Zweck der Informations- und Mittelbeschaffungskampagne «Ansteckend?»

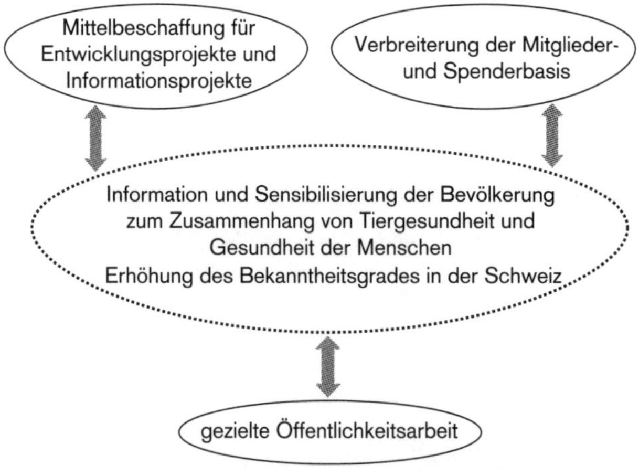

Die 36-seitige Informations- und Mittelbeschaffungsbroschüre «Ansteckend?» bzw. «Contagieux?» zum Thema Zoonosen richtet sich an ein breites Publikum. Sie wurde in Zusammenarbeit mit zahlreichen namhaften Fachleuten aus der Veterinär- und Humanmedizin erarbeitet und kann gratis über www.vsf-suisse.ch bezogen werden.

10.1.4. Resultate zur Halbzeit

Nach einem knappen Jahr seit der Lancierung der ersten zweijährigen Mittelbeschaffungskampagne kann VSF-Suisse bereits sehr ermutigende Resultate verzeichnen. Dank des hohen Rücklaufs und Interesses sowohl bei den Medien als auch in der breiten Öffentlichkeit konnte der Adressbestand verdreifacht werden. Der Mitgliederbestand konnte nach dreijähriger Stagnation um rund 50 Prozent erhöht und das Privatspendenvolumen ebenfalls um rund 30 Prozent ausgebaut werden. «Piano ma sempre…» geht der Aufbau weiter. In dieser Phase des schrittweisen Wachstums sind Geduld und Vertrauen in die eigenen Stärken gefragt. Das schnelle Geld ist ein Wunschtraum; der stetige Aufwärtstrend muss jedoch immer im Auge behalten werden. In der Wachstumsphase einer Organisation ist es wichtig, dass der Vorstand oder der Stiftungsrat und die Geschäftsleitung der Organisation voll hinter den mit dem Fundraising beauftragten Mitarbeitenden stehen, vertrauensvoll und motivierend mitwirken und vor allem auch den Mut aufbringen, eine unkonventionelle – allenfalls auch begrenzt risikoreiche – Idee oder Aktion mitzutragen. Denn zum erfolgreichen Fundraising gehören Emotionen, Courage und Feingefühl.

«Die Zeit, die du für deine Rose verloren hast, sie macht deine Rose so wichtig», sagt der kleine Prinz von Antoine de Saint-Exupéry.

10.2. Fachstelle für Spenden sammelnde NPOs – die Stiftung ZEWO

Die ZEWO ist die schweizerische Fachstelle für gemeinnützige, Spenden sammelnde Organisationen. Ihr Sitz ist in Zürich.

Zweck der ZEWO ist die Förderung von Transparenz und Lauterkeit im Spendenmarkt Schweiz. Durch ihre Tätigkeit trägt die ZEWO entscheidend dazu bei, das Image der gemeinnützigen Organisationen zu stärken und die Spendenbereitschaft der Bevölkerung zu erhalten.

Die ZEWO wurde 1934 als Auskunftsstelle gegründet. Bereits fünf Jahre später führte sie ein Gütesiegel ein, das an Organisationen verliehen wurde, die gewisse Standards erfüllen. Bis zum heutigen Tag dient dieses Gütesiegel den Spenden sammelnden, gemeinnützigen Organisationen als Qualitätsausweis.

Zu verschiedenen öffentlichen und privaten Stellen unterhält die ZEWO aktive Beziehungen. Eine Auswahl dieser Stellen finden Sie auf der Internet-Seite www.zewo.ch.

Die ZEWO ist Gründungsmitglied des International Committee on Fund Raising Organizations (ICFO). Dadurch ist sie weltweit mit Organisationen vernetzt, die in den jeweiligen Ländern ähnliche Aufgaben wahrnehmen.

10.2.1. Was tut die ZEWO?

Die ZEWO verleiht seit 1942 ihr Gütesiegel an gemeinnützige, Spenden sammelnde Organisationen. Dadurch auferlegt sie der privaten gemeinnützigen Tätigkeit in der Schweiz hohe Qualitätsstandards und überprüft diese regelmässig.

Als Fachstelle nimmt die ZEWO Stellung zu Mittelbeschaffungsmethoden und weiteren Fragen rund um das Spendenwesen.

Die ZEWO führt einen neutralen Informationsdienst über Spenden sammelnde, gemeinnützige Organisationen mit und ohne Gütesiegel. Alle Organisationen werden nach den gleichen Richtlinien beurteilt. Diese Dienstleistung steht Behörden, Medien, Fachstellen, Institutionen, Kirchgemeinden, Unternehmen und Privatpersonen kostenlos offen.

Die ZEWO fungiert als Koordinationsstelle im Sammlungswesen. Sie koordiniert die Daten der landesweiten Sammlungen von ZEWO-anerkannten Organisationen und erstellt zu diesem Zweck jährlich den Schweizer Sammlungskalender.

10.2.2. Wie gemeinnützige Organisationen das Gütesiegel erhalten

Ein Gesuch einreichen können juristische Personen, die auf Grund der Verfolgung gemeinnütziger Zwecke von der Direkten Bundessteuer befreit sind (nach Art. 56 Bst. g DBG). Die Organisation muss eine mindestens zweijährige Tätigkeit vorweisen können.

Grundlage der Beurteilung sind ein ausgefüllter Fragebogen der Organisation, Statuten und Reglemente, Steuerbefreiungsentscheid und Handelsregistereintrag, Listen der Mitglieder der Organe, Sitzungsprotokolle und wichtige vertragliche Vereinbarungen sowie Tätigkeitsberichte, revidierte Jahresrechnungen und Sammlungsaufrufe der Organisation.

Die ZEWO prüft die Organisation auf Grund der eingereichten Unterlagen, weiterer öffentlich zugänglicher Informationen, Abklärungen vor Ort und Stellungnahmen von Fachleuten.

Die Kosten der Prüfung werden nach Aufwand verrechnet. Es ist daher im Interesse der Organisation, erst nach einer gründlichen Selbsteinschätzung ein vollständiges Gesuch mit übersichtlichen Unterlagen einzureichen.

Weitere Informationen zum Verfahren und zu den Kosten sind in einem Merkblatt zusammengestellt, das aus aus dem Internet heruntergeladen werden kann: www.zewo.ch.

Wer einen Antrag auf Verleihung des Gütesiegels einreichen möchte, fordert bitte die Gesuchsunterlagen bei der Geschäftsstelle an (Adresse im Anhang).

10.2.3. Die ZEWO-Tipps für Spenderinnen und Spender

1. *Welche Organisation möchten Sie unterstützen?*
   Überlegen Sie sich, für welchen Zweck Sie spenden möchten und informieren Sie sich im Voraus über die Spenden sammelnde Organisation und ihre Projekte. Jahresberichte über die Tätigkeiten sollten informativ sein und eine aussagekräftige und klare Darstellung der Jahresrechnung enthalten. Bei Fragen nehmen Sie Kontakt mit der Hilfsorganisation auf; alle vertrauenswürdigen Hilfswerke geben Ihnen Auskunft.
2. *Wie viele Organisationen sollen Sie berücksichtigen?*
   Es ist besser, einige sorgfältig ausgewählte Werke mit einem etwas größeren Betrag zu unterstützen als die verfügbaren Mittel zu verzetteln. Es empfiehlt sich auch, eine Organisation lang-

fristig zu unterstützen, um die Planung für die Organisation zu erleichtern. Dies ermöglicht Ihnen, sich intensiver mit den von Ihnen ausgesuchten Werken zu befassen. Denn nicht nur die finanzielle Solidarität, auch das ideelle Mittragen ist von Bedeutung.

3. *Wie wirkt Ihre Spende?*
   Projekte müssen geplant, durchgeführt, kontrolliert und ausgewertet werden. Keine Geldspende kommt daher zu 100 Prozent an das Spendenziel. Dies ist im Interesse des Spenders und der Spenderin, da sie eine kompetente und ordnungsgemäße Umsetzung des Spendenzieles erwarten. Die Umsetzung mancher Spendenziele erfordert oft höhere Durchführungskosten, erreicht aber erst dadurch ihre und die vom Spender gewünschte Wirkung.
4. *Werden Sie zum Spenden gedrängt?*
   Wenn Sie an der Haustüre, auf der Straße oder mittels Telefon um Spenden gebeten werden, verlangen Sie Unterlagen über die Organisation (z.B. Jahresbericht, Jahresrechnung) und einen Einzahlungsschein. Lassen Sie sich nicht zu Spenden drängen. Es ist ihre freie Entscheidung, ob, wann und wem Sie Etwas spenden wollen.
5. *ZEWO-Gütesiegel?*
   Das ZEWO-Gütesiegel zeichnet gemeinnützige Organisationen aus, welche von der ZEWO regelmäßig auf den gewissenhaften Umgang mit Spendengeldern überprüft werden. Organisationen, die das Gütesiegel der ZEWO tragen, informieren offen über ihre Tätigkeiten, führen eine transparente Rechnung und setzen ihre Spendergelder zweckbestimmt, wirksam und wirtschaftlich ein. Weiter verfügen die Organisationen über funktionierende interne und externe Kontrollstrukturen. Nicht zertifiziert werden reine Tierschutzvereine sowie Organisationen

bei welchen die politische oder religiöse Tätigkeit im Vordergrund steht, oder Organisationen, deren Hilfe nur eigenen Mitgliedern zukommt.

6. *Weitere Fragen?*
   Der Informationsdienst der Stiftung ZEWO erteilt Ihnen gerne weitere Auskünfte über Organisationen, die Spenden sammeln (Tel. ++41 (0)1 366 99 55/ info@zewo.ch).

10.3. Berufsverband der Fundraising-Fachleute – SGFF

10.3.1. Ziel der Organisation

1994 wurde der Verein Schweizerische Gesellschaft der Fundraising-Fachleute (SGFF) von einigen seit längerer Zeit in der Mittelbeschaffung von NPOs tätigen KollegInnen gegründet. 1997 hatten die Tätigkeiten des Vereins bereits ein grosses Volumen angenommen. Dank dem hohen Engagement des Vorstandes und der Geschäftsleitung entwickelte sich der Verein rasch. Unter Einbezug der Stellungnahmen von Mitgliedern wurden die Angebote stetig ausgebaut, sodass der Verein heute seinen Mitgliedern ein ansehnliches Repertoire von Dienstleistungen anzubieten hat.

Unermüdlich setzte sich bereits der geistige Vater der SGFF, Dr. Bruno Fäh, für die ethische Verantwortung der Fundraising-Fachleute ein. Auch die Notwendigkeit, das Vertrauen der Spender in das Geben für gute Zwecke zu fördern und zu bewahren, war ihm ein grosses Anliegen. Auf dem Hintergrund dieser Haltung entwickelte die SGFF ethische Richtlinien, welche für die Mitglieder verpflichtend sind.

10.3.2. Aus- und Weiterbildung

Die SGFF setzt sich als Berufsverband für die Anerkennung des Berufsstandes in der Öffentlichkeit sowie die Weiterentwicklung des Fachwissens der FundraiserInnen ein.

Fundraising-Ausbildung in der Schweiz

Die Mittelbeschaffung auf dem Spendenmarkt ist für viele Non-Profit-Organisationen ein nicht wegzudenkendes Finanzierungsinstrument. In den letzten Jahren ist eine Stagnation auf dem Spendenmarkt festzustellen. Viele Spendende stellen vermehrt Kosten-Nutzen-Überlegungen an, der Konkurrenzkampf auf dem Spendenmarkt ist härter geworden, und die Mittel der öffentlichen Hand fliessen weniger ergiebig als früher. Dadurch werden laufend höhere Anforderungen an das Fundraising gestellt. Die Tendenz zur Professionalisierung ist unübersehbar. Gleichzeitig ist es schwierig, auf dem Arbeitsmarkt qualifizierte Fundraising-Fachleute zu finden.

Auf diesem Hintergrund führten die beiden Organisationen SGFF und VMI (Verbandsmanagement Institut der Universität Freiburg) 1999 vertiefte Gespräche, um die Ausbildung der Fundraising-Fachleute weiter zu entwickeln. Ziel der Bestrebungen war die Professionalisierung und Anerkennung der Tätigkeit im Bereich Fundraising, eine stabile Grundausbildung, die zeitgemäss, berufsbegleitend und praxisorientiert angeboten wird und wo die Anliegen der Organisationen der Kursteilnehmer in die Kursarbeit mit einbezogen werden können. Im Jahre 2000 wurde erstmals das zweite Modul Spezialkurs Fundraising angeboten und führte mit Abschlussprüfung und Diplomarbeit zum oder zur «Dipl. Fundraiser/-in VMI/SGFF».

Angesichts der zunehmenden Nachfrage nach Ausbildungsmöglichkeiten gibt es Bestrebungen, weitere Angebote auf den Bildungsmarkt zu bringen. Die SGFF verfolgt die Entwicklung mit grösster Aufmerksamkeit und sie ist in ihrer Haltung neuen Anbietern gegenüber offen. Als Berufsverband begrüsst sie die konkrete und marktgerechte Weiterentwicklung der Ausbildungsmöglichkeiten.

Fachtagungen, Master-Classes

Um die Professionalisierung im Fundraising zu fördern, bietet die SGFF seit 1997 Fachtagungen zu einschlägigen und aktuellen Fundraisingthemen an. Berufsleute, welche über die entsprechende Erfahrung verfügen, bringen ihr Wissen in Form von Referaten und durch Leiten von Werkstätten ein. Fachtagungen werden sowohl in der Deutschschweiz wie in der Romandie durchgeführt.

Master-Classes als Spezialangebote sind auf Fundraiser, welche über mehrjährige Fundraising-Praxis verfügen, zugeschnitten: Die thematischen Inhalte werden vertieft und das Grundwissen erweitert.

Erfa-Treffs

In regionalen Erfa-Gruppen (Basel, Bern/Freiburg/Solothurn, Lausanne und Zürich) findet der regelmässige Erfahrungsaustausch unter Berufsleuten statt. Themen werden von der Gruppe im Voraus gewählt. Für gewisse spezielle, von den TeilnehmerInnen gewünschte Themen, die das Fundraising in der praktischen Umsetzung betreffen, werden externe Fachleute beigezogen.

Die Erfa-Gruppen sind ein äusserst wertvolles Gefäss, fördern sie doch nicht nur den fachlichen Austausch, sondern auch die persönlichen Kontakte unter den Berufsleuten. Für viele, die neu in den Beruf des Fundraising einsteigen, ein wichtiger Rückhalt.

Lobbying
Im Jahre 2002 überschritt die Mitgliederzahl erstmals die Grenze von 400. Eine stattliche Zahl, die durchaus ins Gewicht fällt, wenn es darum geht, Stellung zum Beispiel zu einer politischen Vernehmlassung zu nehmen. So gelang es 2002, im Vernehmlassungsverfahren zu einer Teilrevision der Postverordnung des Bundesrates vom 29. Oktober 1997 nachdrücklich aufzuzeigen, welche Nachteile diese Neuerung für die Non-Profit-Organisationen nach sich ziehen würde, wenn sie von den Parlamentariern wie vorgeschlagen angenommen würde. 2003 wurde diese Arbeit fortgesetzt, indem die SGFF mehrere ihrer Mitglieder gewinnen konnte, Stellung zum neuen Medienartikel zu nehmen.

Die SGFF steht im Austausch mit Organisationen und Fachverbänden wie Ecopolitics, Pro Fonds und weiteren, um essenzielle berufliche Anliegen von FundraiserInnen vertreten zu können. Im Ausland hat die SGFF vor allem in den Fundraising-Fachgremien (European Fundraising Association) eine Vertretung oder besteht reger Austausch (Bundesgemeinschaft Sozialmarketing, Deutscher Fundraising Verband e.V., FMA Verband der Fundraising ManagerInnen Austria).

10.3.3. Das Innenleben

Mitgliederzeitschrift
Das «Fund-Info» erscheint vier Mal jährlich und ist eine weitere Austauschquelle. Mitglieder wie auch Aussenstehende schreiben Artikel zu Themen, welche für das Fundraising relevant sind: Erfahrungen – sowohl geglückte wie weniger erfolgreiche, mit Erklärungsversuch des Misserfolges-, Neuigkeiten auf dem Spendermarkt, Hinweise auf Hilfsmittel wie zum Beispiel die Liste der

Abzugsfähigkeit von Spenden bei Kantons- und Gemeindesteuern. Das Mitgliederbulletin enthält deutsche wie französische Beiträge. Das Fund-Info bietet seinen Mitgliedern die Gelegenheit, ihre Organisation vorzustellen. Speziell für kleinere sowie in der Öffentlichkeit weniger bekannte Non-Profit-Organisationen ist das eine willkommene Plattform, um ihre Dienstleistungen einem breiteren Publikum bekannt zu machen.

Reorganisation 2005

2002 leitete die SGFF angesichts der raschen Entwicklung des Berufsverbandes eine Reorganisation ein. Hauptsächlich ins Auge gefasste Änderungen sind die Erweiterung der Form der Mitgliedschaft. Ab 2004 werden zwei Kategorien der Mitgliedschaft angeboten: reguläre Mitgliedschaft für Einzelpersonen und zertifizierte Mitgliedschaft für Einzelpersonen.

Die Berufsbezeichnung Fundraiser/-in ist nicht geschützt. Jedermann kann sich Fundraiser/-in nennen. Mit dem Titel «zertifizierter bzw. zertifizierte Fundraiser/-in» will die SGFF die fachliche Qualifikation langjähriger Berufsleute, die sich auch regelmässig weiterbilden, hervorheben und der Professionalisierung mehr Gewicht verleihen. Organisationen, die eine Fundraisingstelle zu besetzen haben, soll so gewährleistet werden, fachlich hochkarätige Fundraiser von Neueinsteigern «unterscheiden» zu können. Für Organisationen, die bislang keine Mitgliedschaft erwerben konnten, soll künftig der Status Förderer eingeräumt werden.

Durch diese Anpassungen wird die SGFF den Anliegen ihrer Mitglieder und den Anforderungen des Spendenmarktes zukunftsgerichtet gerecht. Um dem auch nach außen Ausdruck zu verleihen, wird die SGFF ab 2004 unter neuem Namen auftreten.

11. Erfolg oder Misserfolg – Kontrolle gehört zum Fundraising

Einige der Fundraising-Aktivitäten, die wir Ihnen in diesem Buch vorstellen, zeigen sofort messbare Ergebnisse. Hier ist es also leicht, Erfolg und Misserfolg festzustellen. Andere Aktivitäten jedoch zeigen erst nach längerer Zeit Ergebnisse. Wie und wann misst man beispielsweise den Erfolg eines Legatprogramms? Aber auch langfristig angelegte Programme müssen regelmässig evaluiert werden. In diesem letzten Kapitel wollen wir Ihnen zeigen,

- wie wichtig es ist, alle Fundraising-Aktivitäten laufend zu prüfen und zu beurteilen,
- wie Fortschritte (oder eben auch der Stillstand oder Rückgang) zu messen sind.

11.1. Periodische Überprüfung – harte und weiche Faktoren

Sie müssen die ursprünglich fixierten Ziele periodisch überprüfen. Ihre Investitionen ins Fundraising kosten Zeit und Geld. Wie haben sich die verschiedenen Massnahmen ausgezahlt?

Diese Ergebnisse sollten natürlich zunächst in Geldbeträgen gemessen werden. Im zweiten Schritt geben Kennzahlen Aufschluss über den Erfolg Ihrer Aktionen. Die wichtigsten Kennzahlen – harten Faktoren – sind

- Anzahl der NeuspenderInnen,
- Treue der NeuspenderInnen,
- Anzahl der Einmalspender, die Mehrfachspender wurden,
- Anzahl der Mitglieder in langfristigeren Programmen.

Daneben gibt es weiche Faktoren, so genannte «immatrielle» Werte:

- mehr Freiwillige,
- vermehrte Anfragen nach Legatbroschüren,
- mehr Presseberichte,
- besseres Fundraising-Klima im Haus,
- neue Ideen und Programme sowie
- Einbezug des Vorstandes in Fundraising-Aktivitäten.

Es ist nicht ausreichend, am Ende des Jahres einen Bericht zu erstellen, in dem Sie die harten Faktoren des laufenden Jahres mit denen des Vorjahres vergleichen. Um immer den Finger am Puls der Zeit zu haben und den Stand der Dinge zu messen, bevor sich Abwärts-Tendenzen ausprägen, gibt es eine Reihe von Fragen, die Sie sich stellen können:

- Wie oft haben Sie in den vergangenen Monaten mit SpenderInnen gesprochen?
- Wie hat sich die Zahl der negativen Rückmeldungen nach Mailings verändert? (Eine schlechte Adressqualität, zu häufiges Anschreiben oder eine schlechte Öffentlichkeitsarbeit können Gründe sein.)
- Steigt oder fällt der Betrag der Durschschnittsspende?
- Haben Sie Spender-Events veranstaltet? Wie viele SpenderInnen sind erschienen?

Viele der Informationen stecken in Ihrem Computer, viele sind in Ihrem Kopf, und Sie meinen, einen guten Überblick zu haben. Bedenken Sie, dass die schriftliche Erfassung gewisser statistischer Daten, ihre regelmässige Bündelung und deren Verteilung im Haus Ihren Blick für Veränderungen schärften. Auf diesem Wege können Sie Frühwarnzeichen erkennen und jederzeit an den geplanten

Massnahmen Korrekturen vornehmen – besonders wenn das Umfeld sich verändert. Eine Wirtschaftskrise, steigende Arbeitslosigkeit oder Börsenkurse wirken sich auf Ihre Fundraising-Aktivitäten aus. Es ist an Ihnen, entsprechende Anpassungen vorzunehmen.

Was Sie aus der Erfolgsmessung lernen und welche einfachen Veränderungen Sie zur Erhöhung Ihrer Spendenbeträge vornehmen können, zeigt folgendes Beispiel:

Praxis-Beispiel

Der Förderkreis für ein Frauenhaus stellte fest, dass

- es nach dem Aussand der zweimal im Jahr erscheinenden Zeitung noch Zahlungen mit unmarkierten Einzahlungsscheinen gab (offensichtlich wurde diese Zeitung weitergegeben);
- nur sechs Anfragen auf die sehr diskret (zu diskret?) in der Zeitung erscheinende Werbung für die Legatbroschüre kamen;
- Mailings sehr viel höhere Erträge brachten, wenn sie nach dem Sommerfest und der Weihnachtsfeier versandt wurden;
- Anfragen nach Spendenquittungen zunahmen.

Einige simple Änderungen wurden vorgenommen:

Da die Zeitung offensichtlich ein gutes Mittel war, die Organisation bekannt zu machen, bat man in jeder Ausgabe, die Zeitung weiterzugeben oder zusätzliche Exemplare anzufordern. Man druckte zehn Prozent mehr und streute die Zeitung unadressiert.

- Statt die Legatbroschüre verschämt zu erwähnen, legte man dem nächsten Spenden-Mailing eine Bestellkarte dafür bei. Acht Prozent der SpenderInnen sandten sie zurück.
- Die Auflage der Mailings nach dem Sommerfest und der Weihnachtsfeier wurde erhöht.
- Zusätzliche, kleinere Veranstaltungen im Frühling und Herbst wurden organisiert. Alle vier Mailings im Jahr wurden jetzt durch ein

Event unterstützt. Auch wenn die Beteiligung daran nicht sehr hoch war, wurde doch die Visibilität der Organisation erhöht. Es erschienen Presseartikel, und die SpenderInnen wurden daran erinnert, dass sie das Frauenhaus besuchen könnten.

Regelmässig auf Ihrem Terminplan stehen sollten ausserdem:

- Diskussionen der Ergebnisse mit internen und externen Kollegen; diese sollten nicht zufällig, sondern als fester Bestandteil des Evaluationsprogramms stattfinden;
- regelmäßige Treffen mit Spender-Fokusgruppen;
- aussagekräftige, repräsentative schriftliche Befragungen der SpenderInnen. SpenderInnen haben die Tendenz, «lieb» zu sein, und es bedarf einer ausgefeilten Fragetechnik, um beginnende Unzufriedenheit zu erkennen.

Nach dem Ausarbeiten der Kennzahlen, der Einsicht in die weichen Faktoren, nach Diskussionen mit den verschiedenen Gruppen und dem Abschluss der Evaluierung ist es an Ihnen, Entscheide zu treffen, die den Daten einen Wert für Ihre Arbeit geben. Dies nimmt Ihnen niemand ab – aber sie sollten von allen getragen werden.

Haben Sie bedacht ...

- Haben Sie harte und weiche Faktoren gesammelt und ausgewertet?
- Haben Sie Massnahmen ergriffen, um Frühwarnzeichen zu erkennen?
- Erfolgen Diskussionen mit verschiedenen Gruppen?
- Erfolgt Ihre Evaluierung regelmässig?
- Haben Sie Entscheidungen auf Grund der ermittelten Ergebnisse getroffen?

12. ... und zum Schluss

Fundraising-Resultate sind messbar, aber Fundraising ist weit davon entfernt, eine harte Wissenschaft zu sein. Fundraising hängt nur vom guten Willen unserer SpenderInnen ab. Diesen guten Willen müssen wir immer wieder neu verdienen. Fundraising ist nur Mittel zum Zweck. Dieser «Zweck» aber muss so überzeugend sein, dass die SpenderInnen bereit sind, von ihrem oft hart verdienten Geld dafür etwas abzugeben.

Wir müssen dankbar und, entschuldigen Sie dieses altmodische Wort, demütig vor den SpenderInnen sein. Freiwillig teilt er/sie, damit Ideale verwirklicht, Missstände verbessert werden. Wir danken unseren SpenderInnen von Herzen – immer wieder.

Anhang

Adressen

Institutionen

Bundesarbeitsgemeinschaft
Sozialmarketing (BSM)
Postfach 50 05 50
D-60394 Frankfurt am Main
Tel. ++49 (0)69 95 73 30 70
Fax ++49 (0)69 95 73 30 71
E-Mail: info@sozialmarketing.de
Internet: www.sozialmarketing.de

Schweizerische Gesellschaft der
Fundraising-Fachleute SGFF
Postfach 2500
CH-3601 Thun
Tel. ++41 (0)33 221 61 51
Fax ++41 (0)33 221 61 52
E-Mail: info@sgff.ch

Stiftung ZEWO
Lägernstrasse 27
CH-8037 Zürich
Tel. ++41 (0)1 366 99 55
Fax ++41 (0)1 366 99 50
E-Mail: info@zewo.ch
Internet: www.zewo.ch

Verbandsmanagement Institut
(VMI)
Universität Freiburg
Postfach 284
CH-1701 Freiburg
Tel. ++41 (0)26 300 84 00
Fax ++41 (0)26 300 97 55
E-Mail: info@vmi.ch
Internet: www.vmi.ch

Autorinnen und Autoren

Barbara Crole
Sozialmarketing Crole
Chemin du Levant 83
CH-1005 Lausanne
Tel. ++41 (0)21 721 14 14
Fax ++41 (0)21 721 14 15
E-Mail: bcsozialmarketing
@bluewin.ch
Internet: www.bc-sozialmarke-
ting.ch

Christiane Fine
73 Woodridge Road
Wayland, MA 01778, USA
Tel. ++1 508 358 2775
E-Mail:
christiane_fine@yahoo.com

Rany Gartenmann
Schweizerische Gesellschaft der Fundraising-Fachleute SGFF
Postfach 2500
CH-3601 Thun
Tel. ++41 (0)33 221 61 51
Fax ++41 (0)33 221 61 52
E-Mail: info@sgff.ch

Daniel Jud
Baumer AG
Laubgasse 31
Postfach
CH-8501 Frauenfeld
Tel. ++41 (0)52 723 42 42
Fax ++41 (0)52 723 42 90
E-Mail: djud@baumer.ch
Internet: www.baumer.ch

Yvonne Kremser
VSF-Suisse
Optingenstrasse 14
Postfach 479
CH-3000 Bern 25
Tel. ++41 (0)31 332 77 69
Fax ++41 (0)31 332 77 66
E-Mail: yvonne.kremser@vsf-suisse.ch

Oscar Luethi
e-werk GmbH
Gartenstrasse 76
CH-4002 Basel
Tel. ++41 (0)61 283 38 30
Fax ++41 (0)61 283 38 31
E-Mail: kontakt@e-werk.ch
Internet: www.e-werk.ch

Marcus Michelotti
dm michelotti ag
Riedstrasse 1
CH-6343 Rotkreuz
Tel. ++41 (0)41 798 19 49
Fax ++41 (0)41 798 19 99
E-Mail: info@dmm.ch
Internet: www.dmm.ch